Andreas Niedermayer

Das Pfingstfest in Rom 1862

Andreas Niedermayer

Das Pfingstfest in Rom 1862

ISBN/EAN: 9783743331020

Hergestellt in Europa, USA, Kanada, Australien, Japan

Cover: Foto ©ninafisch / pixelio.de

Manufactured and distributed by brebook publishing software
(www.brebook.com)

Andreas Niedermayer

Das Pfingstfest in Rom 1862

Das

Pfingstfest in Rom

1862

von

Andreas Niedermayer.

Freiburg im Breisgau.
Herder'sche Verlagshandlung.
1862.

Erstes Kapitel.

Am zehnten Tag nach der Himmelfahrt des Herrn, da in Jerusalem das Pfingstfest der Juden begann, erfolgte unter gewaltigem Brausen der Natur die Erfüllung des Neuen Bundes. Der hl. Geist schwebte in Gestalt von Feuerzungen auf die im Cönaculum versammelten Apostel und Jünger herab. Alle, die zunächst um den Heiland sich bewegt hatten, waren vereint und die Mutter Gottes war bei ihnen. Die vom hl. Geist erfüllten Apostel gaben sofort laut Zeugniß von dem auferstandenen Gott und Heiland.

Es hatte aber die Festfeier die Völker aus vielen Ländern zusammengeführt; Juden, Hellenen, Lateiner und Barbaren drängten sich in diesen Tagen durch die Straßen Jerusalems.

Der Geist des Herrn, die Apostel mit unendlicher Freude beglückend und sie stärkend mit unwiderstehlicher Kraft, befähigte sie auch, für alle die verschiedenen Völker und Nationen verständlich zu sprechen, und in dem jedem Volksstamme angemessenen Dialecte die Herrlichkeit Gottes zu preisen und die Lehre der Auferstehung zu verkünden. So wurde der Fluch der Sprachenverwirrung, den der Hochmuth der Menschen beim

1 *

Thurmbau zu Babel als Gottesgericht herabgerufen hatte, hinweggenommen am ersten Pfingstfest (im Jahre 34) durch das Charisma der Sprachengabe, welche zu Jerusalem alle Völker zu Einem Gottesvolke vereinigte. Der hl. Geist würdigte sich, in den Zungen aller Völker sich zu offenbaren: denn Christi Kirche, der er verheißen ward, bei der er bleiben wird bis an's Ende der Zeiten, ist die Weltkirche, die alle Nationen in sich begreift. Petrus, von Christus als sein erster Stellvertreter gesetzt und zum Haupt der Apostel bestellt, sprach vor Allen, und sein begeistertes unwiderstehliches Wort fügte dreitausend zur kleinen Gemeinde; sie glaubten an Christus, gelobten Buße und ließen sich taufen. Die so Bekehrten trugen den Samen des Evangeliums hinaus in die Provinzen des römischen Reiches und in die entfernten Länder des Aufgangs; manche orientalische Kirche führt ihren Ursprung auf die Wunder des ersten Pfingstfestes zurück und Jerusalem ist die Mutter aller Kirchen geworden. Die Apostel aber konnte keine Macht mehr zurückhalten, zu verkünden, was sie gesehen und gehört hatten. Sie sind am Pfingstfest in die Fülle der Gnaden eingetreten, zeigen den unerschrockensten Muth und erklären vor dem hohen Rathe mit Freimuth, daß man Gott mehr als den Menschen gehorchen müsse. Das Pfingstfest in Jerusalem war der Tag des neuen und vollendeten Gesetzes, des Gesetzes der Gnade im hl. Geiste. Die Gemeinschaft des Glaubens erzeugte die Gemeinschaft der Liebe, eine neue Weltordnung stellte sich neben die frühere und über diese, und der Organismus des

Reiches Gottes auf Erden begann sich zu entfalten. Die Gemeinde Gottes stieg bald auf fünftausend Gläubige. Zwei Jahre später gab der Diakon Stephanus als der erste Martyrer mit seinem Blute Zeugniß für den Auferstandenen.

Am 8. Juni 1862 wurde in Rom, der anderen Mutter der Kirchen, wieder ein Pfingstfest gefeiert, ein Pfingstfest, wie die Kirchengeschichte kein zweites kennt: denn nie seit dem Wunder im Cönaculum sah die Christenheit an diesem Tage so viele Erben und Nachfolger der Apostel um den Stellvertreter Jesu Christi versammelt. Unter dem Walten des hl. Geistes ist in achtzehn Jahrhunderten das von Christus in die Erde gepflanzte Senfkörnlein zum himmelragenden Baume geworden, in dessen Schatten nun fast alle Nationen der Welt ruhen; die kleine Schaar der Fünftausend ist zu zweihundert Millionen gewachsen und kaum ist noch ein Land auf dem Planeten zu finden, in welchem nicht das heiligste Opfer nach der Ordnung Melchisedeks dargebracht wird. Um Papst Pius IX., der als Stellvertreter Christi seit sechzehn Jahren die Kirche mit Starkmuth vertheidigt, mit Klugheit sie leitet und mit den Tugenden eines Heiligen sie schmückt, schaaren sich dreihundert Kirchenfürsten und Völkerhirten, und in ihrem Gefolge stehen neuntausend Priester; die Bischöfe bringen ihre Diöcesen, die Priester ihre Gemeinden mit; die aber zu kommen verhindert waren, sind an diesen Tagen mit Herz und Gebet in der ewigen Stadt: es ist ein Fest, das eine Weltfamilie feiert. Der Papst erscheint als der allgemeine Vater dieser Weltfamilie. Er ist das Licht, welches leuchtet den Völkern, er ist der Eckstein und das Fundament der Kirche und das Centrum der Einheit; er bewahrt als der oberste Lehrer die Heilslehre Christi, er ist der Vorsteher der Kirche, dem die höchste geistliche Gewalt innewohnt, er ist die Krone des Episcopats. Wie Petrus, für den der Heiland ein specielles Gebet zum Vater richtete, beauftragt wurde, seine Brüder zu trösten, so hat der Papst an diesem Pfingstfest die Bischöfe der Kirche, seine Brüder, wunderbar gestärkt. Die Bischöfe hinwieder, die Inhaber der Lehr-, Priester- und Hirtengewalt, ebenso gesendet von Christus, wie Er gesendet ist vom Vater, bringen dem Papst Trost im Uebermaß seiner Leiden; sie hören seine Befehle und erklären, daß, wenn er spricht, sie Christum vernehmen, wenn er befiehlt, sie dem Heiland gehorchen. Auch sie durchglüht bei diesem Pfingstfest ein neues Feuer, ihrem Geiste leuchtet ein helleres Licht, und die heiligste Liebe erfaßt ihre Seele. Sie erheben mit dem heiligen Vater vereint im hohenpriesterlichen Gebet die Hände und flehen, der hl. Geist wolle, wie er die junge Kirche am ersten Pfingstfest gestärkt, so auch in diesen Tagen der Verfolgung sie vertheidigen, ausbreiten und verherrlichen. Die Bischöfe nehmen entgegen die Kraft des apostolischen Segens; der Papst nennt sie die schönsten, strahlendsten Edelsteine in seiner Krone, ungleich schöner und werthvoller, als die ihm die Gewaltigen jüngst gewissenlos ausgebrochen hätten. Mit den Oberhirten vereint stehen die Priester, die Blüthe aus allen Ländern der Erde, der Stolz und der Schmuck des Episcopats, durch die Bischöfe in innigster Verbindung mit Pius IX. und durch ihn mit dem Heiland, wie die Rebe mit dem Weinstock. Alle aber finden das Vorbild ihrer Einheit in der ewigen Einheit des Vaters, des Sohnes und des hl. Geistes. Gott, der Herr des Friedens und der Liebe, waltet unter ihnen, ein unaussprech= liches Glück überströmt Alle, welche der hehren Feier beiwohnen.

Der Geist Gottes weht, wo er will, er leitet die Kirche und erfüllt den ganzen Erdkreis; er ist es auch, der sie alle zum Pfingstfest zusammengeführt hat, zahl= los und aus allen Himmelsgegenden. Der hl. Vater ließ vor mehreren Monaten eine einfache Einladung ausgehen, er drückte nur den Wunsch aus, die Bischöfe möchten der Canonisation der japanischen Martyrer und des Michael de Sanctis beiwohnen. Wer konnte da= mals ahnen, daß aus dieser Einladung ein Fest von so unausdenkbar hoher Bedeutung entstehen würde? Wer hätte zu Anfang dieses Jahres 1862 eine Ver= sammlung von nahezu dreihundert Bischöfen in Rom für möglich gehalten? Schien es doch, als sollte die Hölle nun bald ihren Siegeslauf vollenden. Viele Katholiken, kleinmüthig und verzagt, mochten wohl die Einladung als zu gewagt beurtheilen. Andere dachten nicht von ferne daran, dem Feste anzuwohnen und sie sind dennoch gekommen. Ein Metropolit versicherte in Rom, daß weder er noch seine Suffragane bis in die letzten Wochen vor Pfingsten im Sinne hatten, die ewige Stadt zu besuchen; sie waren aber alle anwesend,

auch nicht Einer hat gefehlt, denn der Geist Gottes
hat sie getrieben. Noch im März fürchteten die mei=
sten der wahren Katholiken Frankreichs, der Gewaltige,
der die Geschicke des Landes lenkt, möchte die Reise
der Bischöfe nach Rom verhindern; allein schon die
weltliche Klugheit hat ihm dieß verboten und der fran=
zösische höhere wie niedere Klerus fand so zahlreich
sich ein, daß fast überall die Repräsentanten anderer
Nationen durch sie verdrängt wurden, was für die
Franzosen selbst wenig vortheilhaft wirkte. Nur zwei
Regierungen brandmarkten sich in der öffentlichen Mei=
nung der katholischen Welt, indem sie die Theilnahme
der Bischöfe an der Canonisation verhinderten: das
kleine Portugal und das länderräuberische Piemont.
Die Regierung von Portugal, von England schmählich
beeinflußt, und seit Jahren schon gewohnt, in Sachen
der indischen Hierarchie dem hl. Stuhle entgegenzu=
handeln, die nicht allein den Entwicklungsgang der
katholischen Missionen Indiens in traurigster Weise
hemmt, sondern selbst die barmherzigen Schwestern in
Lissabon verfolgt, wie es nirgends mehr in Europa,
ja selbst in der uncivilisirten Welt nicht mehr geschieht,
hat, der Feigheit und der Niedertracht sich überlassend,
durch diesen neuen Act das Maß vollgemacht und
das Herz des heiligsten Vaters auf das Tiefste betrübt.
Rom hat dafür mit grandiosem Pomp für Dom Pedro V.
in St. Anton, der portugiesischen Nationalkirche, eine
Trauerfeierlichkeit angeordnet und Donna Isabella
Maria, die edle Infantin, die vor dem furchtbaren
Geschick, das über ihrem Hause waltet, nach Rom

wie unter das Kreuz sich geflüchtet, mit vollen Ehren
aufgenommen.

Auch die muthigen Bischöfe von Oberitalien, aus
den Marken, Umbrien und aus Neapel wurden durch
die piemontesischen Gewalthaber gezwungen, zu Hause
zu bleiben. Die heldenmüthigen Streiter für die Sache
Gottes! Sie, die im Kerker und in der Verbannung
treu beim Banner Christi und seines Stellvertreters
ausgeharrt und die Schlachten des Herrn so tapfer
schlagen: wie rührend ist der Schmerz, den sie in Col-
lectivadressen von Süd und Nord an Pius IX. aus-
brückten! Das schismatische Rußland, das kalvinische
Holland und die Türkei geben den Bischöfen volle
Freiheit; aber der gottverlassene Sprosse des savoyischen
Königshauses, aus welchem die Kirche sieben Heilige
in ihr Album eingezeichnet hat, verweigert feig und
tückisch die Erlaubniß; seine Minister aber behaupten,
daß die Kirche frei im freien Staate sei. Bereits
übernimmt die Geschichte das Gericht für die Sünden,
die man an einem katholischen Volk begeht; schon
windet sich das Parlament in Turin wie ein getretener
Wurm und die Geister der Verneinung prostituiren
sich in so cynischer Weise, daß ganz Europa sie ver-
dammt.

Sonst ist kein Land beim großen Fest zurückgeblie-
ben. Aus aller Christenheit sind die Gesandten Gottes
da, von jedem Stamm, von allen Sprachen. Die
fünf großen Länderbereiche der Missionen: die Levante,
Indien, Ostasien, Amerika von der Hudsonsbai und
den Gebieten der Eskimos und Huronen bis in's Land

der Rothhäute wie Afrika und die todtbringenden Ocean-
missionen sind stark vertreten; von allen großen slavi-
schen Völkern sind die Metropoliten oder die ersten der
Bischöfe da. Die germanische Völkergruppe, Deutschland, das flandrische Belgien, Holland, England und
die Schweiz hat die größten Bischöfe gesendet; zahlreich finden sich jene der romanischen Völker ein, aus
Spanien, Frankreich und Italien: sie wären fast um
hundert mehr, wäre letzteres Land nicht in eiserne
Bande geschlagen. Viele der Gäste kamen aus un-
endlich weiterer Ferne, als die fernsten, die einst in
Jerusalem zusammenströmten; ein Bischof aus Oceanien
erreicht erst einige Tage nach dem Feste die Gestade
Italiens, seine Fahrt hat Monate lang gedauert. Alle
Meere sind den Dienern der Kirche dienstbar geworden,
die stürmereiche Atlantis wie der indische Ocean und
das Mittelmeer; alle haben den süßen Gesang des
Ave maris stella vernommen. Maria, der Meeresstern, hat die ehrwürdigen Oberhirten in heiliger Treue
beschützt und sie ungefährdet zur ewigen Stadt getragen. Wie einst die Römerstraßen von Rom und
Jerusalem die Apostel und Apostelschüler hinausführten
bis über die Grenzen des Weltreiches am Euphrat,
der Donau und am Rhein, so brachten die Eisenstraßen
aller Länder, die das von Gott dem Menschen ver-
liehene Genie gebaut, ihre Nachfolger wie im Flug
und sicher in das Centrum der Welt.

Da sah die Christenheit, wie die Macht des hl.
Stuhles die ganze Welt umfaßt. Wo ist ein Gewaltiger auf Erden, der auf einen leisen Wunsch, auf

eine einfache Einladung hin seine Großen aus beiden Hemisphären um sich zu versammeln vermag? Kann dieß der Czar der Reußen, dem mehr als 50 Völker dienen, kann es das länder= und völkerreiche Oester= reich? Beide so wenig als England, dessen Flagge auf allen Meeren gebietet, und Frankreich, das seine Legionen in alle Zonen sendet und sich rühmt, die erste Macht der Welt zu sein. Diese den ganzen Erdkreis umfassende Macht besitzt allein der schwache Greis im Vatikan, der große Dulder und Hohepriester Pius IX.

Und warum kommen sie, die unerschrockenen Strei= ter Christi und Nachfolger der Apostel? Wird ein Jubiläum gefeiert? Nein. Die heiligen Marmor= thüren der Patriarchalbasiliken bleiben geschlossen und die Pilger der Campagna, aus Albano und Frascati wie die aus fernen Ländern küssen einfach das Metall= kreuz an denselben. Gilt es in einem Concil ein Dogma festzustellen, kirchliche Disciplinargesetze zu er= lassen oder eine Spaltung zu endigen? Nein. Die katholische Welt ist geeinigt und die Zucht im Klerus musterhaft. Wohl wäre die Zahl der Bischöfe mehr als genügend für ein Concil. Das Tridentinum haben 252 Bischöfe unterschrieben; auf dem ersten Concil in Nicäa fanden sich 318 Bischöfe ein, auf jenem zu Konstantinopel im Jahr 381 zählte man 150, zu Ephesus im Jahr 431 nur 200, zu Konstantinopel im Jahr 681 waren 174 Bischöfe versammelt. Auch sah man beim römischen Pfingstfest dieses Jahres Orient und Occident, Afrika wie Amerika fast gleich stark ver= treten. Es stand in der Macht des Papstes, die Ver=

sammlung sofort als ein ökumenisches Concil zu er=
klären, er hat es nicht gethan, weil er nicht wollte.
Sind vielleicht außerordentlich geheime Sachen durch=
gesprochen worden? Hat man Verschwörungen ange=
regt, Parolen und Schlagwörter ausgetheilt? Galt
es, wie man in Turin glaubt, Italien zu verwirren,
oder Rom zu knechten? Mit Nichten! Die beglücken=
den Worte, welche der hl. Vater zu Vielen bei den
Audienzen gesprochen, sind bald von Mund zu Mund
gelaufen und das Gemeingut Aller geworden. Fünf
Consistorien wurden gehalten, zwei öffentliche, drei
halböffentliche. Das eine öffentliche galt den zwei
spanischen Cardinälen, im letzten halböffentlichen, am
Pfingstmontag, wurde die berühmte Allocution gehalten
und die Adresse der Bischöfe verlesen; die andern drei
Consistorien bezogen sich allein auf die Canonisation
der 27 Heiligen und was da geschah und gesprochen
wurde, weiß Rom und die katholische Welt. So kennt
man die Worte des Papstes bei der großen Audienz
von einigen tausend Priestern in der Sixtina am 6.
Juni, wie die rührenden Worte an die Bischöfe am
9. Juni nach dem Abschiedsmahl in den vatikanischen
Gärten, und die Rede, kurz aber lieblicher und un=
vergeßlicher als viele, die der hl. Vater am 21. Juni,
dem 17. Krönungstag, zu den Cardinälen und den
wenigen noch anwesenden Bischöfen in der Sacristei
der Sixtina gesprochen hat. Man hörte bei jeder Ge=
legenheit nur Worte väterlicher Liebe und Güte, Worte,
wie sie ein Friedensfürst, ja der Engel des Friedens
selbst spricht, der Mann nach dem Herzen Gottes.

Wozu also kamen die Bischöfe der katholischen Welt?
Der Papst ist mit den Bischöfen zusammengetreten,
um im Namen Christi auf Grund der ihm, dem Stell=
vertreter des Herrn, eigenen innewohnenden Autorität
zu erklären, daß 23 Franciscaner, 3 Jesuiten, 1 Trini=
tarier, der letzte ein Bekenner, die ersten Martyrer, in
ihrem Leben und Tode ausgezeichnet gewesen seien
durch eminente Tugend und Heiligkeit, daß deßhalb
diese Athleten des Herrn eingeschrieben seien in das
Buch der Heiligen, und daß sie nicht bloß auf den
Altären der Franciscaner, Jesuiten und Trinitarier,
sondern in der ganzen katholischen Welt den Cult und
die Ehren der Heiligen zu empfangen haben.

Diesem rein kirchlichen Acte, der ein Ausfluß ist
von der Heiligkeit der Kirche und für ihre Heiligkeit
selbst das glänzendste Zeugniß ablegt, galten alle Vor=
bereitungen fern und nah, ihm galt das Zusammen=
strömen der Bischöfe, Priester und Gläubigen und der
unermeßliche Festglanz.

An diese einfache Thatsache gefällt es dem hl. Geiste,
die wichtigsten Folgen zu knüpfen, die nicht beabsichtigt
waren und die menschliche Einsicht jetzt nicht zu er=
messen vermag.

In der Zeit, da alle Throne wanken und die Für=
sten jedes Lustrum vor einer neuen Revolution zittern,
tritt plötzlich wieder mit wunderbarer Pracht und Herr=
lichkeit auf jene Dynastie, welche mit Petrus beginnt,
unter Sylvester triumphirt, unter Leo streitet und in
Gregor und Innocenz in ihren Höhepunkt eintritt; sie
zeigt sich und beweist, daß sie noch lebt, noch streitet

und triumphirt unter Pius IX. Während die Fürsten
selbst dem Spiel der Revolution müßig zusehen, zum
Theil, bewußt oder unbewußt, von ihr mißbraucht wer=
den und ihre Völker dadurch in's Unglück stürzen, nimmt
der Hohepriester und König in Rom aller Fürsten der
Erde sich an, zeigt ihnen, daß auch sie in ihrer Exi=
stenz bedroht seien, wenn sie nicht der Wahrheit sich
annehmen. Während alle Fürsten das Fundament der
christlichen Staatenordnung untergraben ließen, hält
Pius IX. mit Heldenmuth aufrecht die ewigen Princi=
pien des Rechtes. Während jene im vollen Besitze ihrer
Macht von den Thronen verjagt werden, erhält Pius
IX., beraubt und geschwächt, eine Macht, größer als
er je sie besessen hat. Auch der Senat der katholischen
Welt spricht ein belehrendes kräftiges Wort an die Für=
sten und der Episcopat von England überreicht durch
den Cardinal von Westminster dem tapferen König von
Neapel einen Ehrendegen, den Heldenmuth zu ehren
und die Legitimität anzuerkennen. Seit der glänzen=
den Fahrt nach Sant Agnese fuori — am 12. April
bis zum Feste der Apostelfürsten — wie oft hat Rom
den hunderttausendstimmigen Ruf vernommen: Evviva
il nostro Pontefice Rè! Immer höher schwoll die
Begeisterung, immer gewaltiger brauste das Hosanna,
bis bei der Grundsteinlegung des Militärgebäudes im
Prätorianer=Lager am 12. Juni der Huldigungsjubel
auf das Höchste stieg, ganz Rom hinriß und noch lang,
lange nachzittern wird. Die Völker werden des namen=
losen Unrechtes, welches man an ihnen übt, satt, las=
sen sich nicht auf die Länge betrügen und wenden ihre

Liebe dem zu, der allein, wie das die Päpfte im Mit=
telalter thaten, der auch jetzt sich als der einzige Ver=
theidiger der Völkerfreiheit zeigt, rer allein für die
Wahrheit streitet, den irdischer Glanz nicht blendet und
deffen Macht wie keine vom Himmel stammt, von Gott
garantirt ist. Pius IX. erschien in diesen Monaten
so ganz als rex regum et Dominus dominantium.

Die Kammern in den verschiedenen Ländern, meist
nicht mehr aus dem Volkswillen hervorgehend, sondern
durch Coterien zusammengetrieben, predigen den Un=
glauben, verkehren alle Rechtsbegriffe und verwerfen
alle göttliche und menschliche Autorität. Was soll es
heißen, wenn in Turin Petruccelli über das Heiligste
sich lustig macht, die Dogmatisirung der unbefleckten
Empfängniß Maria's verhöhnt, ja die Existenz Gottes
läugnet, ohne daß ein Einziger es wagt, ihn darüber
zur Rede zu stellen? Seufzt nicht ganz Frankreich nach
Männern, die von den Tribünen im Palais Luxem=
burg und im Corps legislativ die dumpfe erstickende
Luft, die bleischwer über dem unglücklichen Lande liegt,
reinigten? Wie wenige finden sich! Ist nicht die Po=
litik, die in dem sonst so christlich=prachtvoll ausge=
schmückten Ober= und Unterhaus an der Themse getrie=
ben wird, noch schmutziger als das Waffer dieses Fluffes
und geradezu antichristlich? Pandämonien sind sie in
der That geworden, diese Häuser, aus denen die Re=
volution täglich reiche Nahrung zieht. Ihnen gegen=
über die Versammlung der Bischöfe des Erdkreises,
welch' ein erhabenes, wohlthuendes Schauspiel in der
zerriffenen charakterlosen Zeit! Ehrwürdiger als der

athenienfische Areopag und der Senat vom Capitolium, sprechen auch sie ein ernstes Wort in die Gegenwart. Sie wahren die ewig gültigen Principien, scheiden sie von den falschen und machen die Völker aufmerksam auf die verderbenbringenden Theorien.

Schon glaubten die gekrönten Revolutionäre und Helfershelfer, von welchen sie inspirirt werden, mit dem schwachen Greis im Vatican fertig zu sein. Während die Pinelli, Cialdini, Fantoni, Garibaldi nicht aufhören zu rauben und zu plündern, stehen Andere mit verschränkten Armen, hohnlachend den Augenblick erwartend, da die weltliche Macht des Papstes, die sie schon auf ein Siebentheil von ehemals eingeschränkt haben, und damit das Papstthum selbst in Trümmer fallen würde. Noch vor dem Pfingstfest sollten im Norden wie im Süden Italiens entscheidende Schritte geschehen. Da machen sich plötzlich Hunderttausend aus allen Ländern auf nach Rom, die Besten, die Edelsten kommen — und sie werfen sich dem hl. Vater zu Füßen. Der eine Bischof bringt 200,000 Franken aus seiner Diöcese, der andere doppelt so viel, ein dritter die Hälfte, leer ist fast keiner gekommen. Der Peterspfenning wird in Rom vollständig für die Christenheit organisirt, und auf dem Capitol bewundern die Gäste die werthvollen Weihegeschenke und Liebesgaben, die dem hl. Vater dargebracht wurden. Die Bischöfe aber erklären vor der ganzen Welt feierlich, daß in Mitte der drei alten Continente ein Land sein müsse, welches der ganzen Christenheit gemeinsam sei, wo der Papst seine mächtige Stimme für Gerechtigkeit und Wahrheit vernehmen laſſen könne, ohne Einen zu bevorzugen, ohne der Willkür eines Mächtigen unterworfen zu ſein. Frei müſſen die Biſchöfe mit dem freien Papſt verkeh= ren können, frei müſſen alle Bürger der chriſtlichen Republik zum gemeinſamen Vaterhaus, zur Mutter= kirche pilgern können. Sie proteſtiren mit furchtbarer Energie gegen die Sacrilegien und den Länderraub; ſie erklären, daß kein Staat, keine Republik, weder in al= ter noch in neuer Zeit, ſolche Rechtstitel beſeſſen habe, wie der Kirchenſtaat. Sie erklären und ſprechen dieſes aus im Namen ihres Klerus und des ihnen anver= trauten Volkes. Wie der Papſt ſchon vor zwei Jah= ren entſchloſſen war, daß er ſtandhaft den Beſitz des Kirchenſtaates vertheidigen wolle, ja daß er eher in den Tod gehen werde, als dieſe Sache verlaſſen, welche iſt die Sache Gottes, die Sache der Kirche, die Sache der Chriſtenheit: ſo erklären nun auch die Biſchöfe, daß ſie freudig mit ihm und für ihn in's Gefängniß wandern wollen, ja den Tod nicht fürchten, und ſie bitten den hl. Vater, ſtandhaft zu bleiben in dieſem Kampfe, an dem Engel und Menſchen ſich erbauen.

Dieſe äußerſte Energie erſchüttert die ganze Welt. Wie ein Donnerwetter die Sciroccoluft, ſo reinigt ſie die öffentliche Meinung zu Gunſten der katholiſchen Kirche. Die Katholiken, durch trübe Einflüſſe und traurige Erſcheinungen in der Literatur unklar und principienlos in der Frage über die weltliche Macht des Papſtes, wachen auf aus ihrer Lethargie, Licht und Finſterniß ſcheidet ſich und Alle wiſſen nun, wie ſie da= ran ſind; und die beim Pfingſtfeſt in Rom vom heiligen

Feuer durchglüht wurden, tragen als Apostel diese Entschiedenheit hinaus in alle Länder; durch die Hirten-
briefe, durch die Predigten, durch die Schriften wird
in jeder Hütte bekannt, was in Rom vorgegangen ist.
So wird die öffentliche Meinung katholisirt, die Revolutionäre aber sind isolirt. Auch scheint es, als habe
der Himmel die, welche als Leiter in der Arena stehen,
bereits mit der Blindheit geschlagen, welche der Fluch
Aller wird, die sich am Statthalter Christi vergreifen.
Wie pomphaft war das Turiner Programm von der
Abreise des Königs nach Neapel? Die schwindelhaften
Phrasen ließen in Rom selbst bei Vernünftigen den
Wahn aufkommen, die Piemontesen könnten dennoch
vor dem Pfingstfest in Rom einrücken. Und der Ausgang? Der König ist aus Neapel förmlich entflohen,
um nicht von der Volkswuth ereilt zu werden. Auch
die Reise des Prinzen Napoleon, jenes Don Duirote
des zweiten Kaiserreiches, sollte Schrecken verbreiten.
Der tapfere Ritter aber hat sich noch lächerlicher gemacht, um bald unmöglich zu werden. Garibaldi, der
von der Höhe der Königsburg in Neapel den Papst
als Antichrist bezeichnete, hatte Unglück mit den Rake-
ten, die er in Norbitalien steigen lassen wollte, com-
promittirte alle seine Anhänger und segelt eben neuerdings nach Caprera; Mazzini aber, veraltet und ver-
braucht, sieht ein, daß er nutzlos sein Leben verzeudet
und gibt jetzt seine gesammelten Schriften heraus. Der
knabenhafte Zorn in Turin macht die Revolutionäre
erst vollends lächerlich. Und so hat das Pfingstfest in
Rom der Revolution und Anarchie, die Italien so blu-

tig färbt, ein machtvolles Halt zugerufen. Auch in
diesem Land wurde sie nicht vom Volk, sondern vom
Abschaum des Volkes gewollt und gemacht; die Revolution ist indeß kein lustig-prachtvoll Feuerspiel wie
eine Girandola in Rom, sondern sie wird nur zu bald
ein verheerender Brand, eine Sündfluth, die Alles
überschwemmt. Gott aber hat die Verheißung gegeben,
daß die Welt von keiner Sündfluth mehr heimgesucht
werden solle und die menschliche Gesellschaft bedarf nicht
der Revolutionen, sondern der naturgemäßen Evolu-
tionen. Daher wird die Aera der Revolution, die
nun bald ihren Rundlauf durch Europa vollendet, zwar
die Fürsten und Völker für ihre Sünden gezüchtigt,
aber ihr Hauptziel, die Vernichtung der Kirche, nicht
erreicht hat, sich abschließen: wann? weiß Gott allein.
Ereignisse, wie das Pfingstfest in Rom, greifen immerhin gewaltiger ein, als die Maßnahmen der Könige.

Der Revolution zur Seite geht die falsche Wissenschaft. Sie hat göttliche wie kirchliche Gesetze und die
Naturgesetze verachtet, falsche Theorien über sociale,
politische und religiöse Ordnung in Umlauf gesetzt, sie
wirft in Allem die Offenbarung bei Seite, schüttelt
jede Autorität als ein unerträgliches Joch ab, läugnet
vollends die Macht Christi und der Kirche, erklärt die
Wunder Christi als Dichterfabelei, die heiligsten Geheimnisse als philosophische Speculationen Einzelner.
Weil sie allen Einfluß Gottes auf die Menschen läugnet, die Vernunft des Menschen als einzige Richtschnur
gelten läßt, von der Vernunft die religiösen Wahrheiten ableitet, so das Ich zum Gott erhebt, so wird da-

durch in verderblicher Weise Menschliches mit Göttlichem vermischt, Gott und Welt, Geist und Materie, Nothwendigkeit und Freiheit, Wahrheit und Lüge werden confundirt und so Gerechtigkeit, Recht, Wahrheit und Sittlichkeit vernichtet. Die Adepten dieser Art von Wissenschaft haben auch die ganze Kirchengeschichte gefälscht. Weil ihnen fast die ganze Presse zur Verfügung steht, verderben sie unglaublich die Massen und die Jugend, und die Verdummung wird systematisch betrieben, und Laster und Verbrechen mehren sich. Beim Pfingstfest ermahnt nun der Papst die Bischöfe, dieser falschen Wissenschaft, durch welche der ganzen christlichen Gesellschaft verkehrte Rechtsbegriffe sollten octroirt werden, mit allen Waffen entgegenzutreten; nicht bloß, sondern vor Allem die schlechten Bücher und Zeitungen aus den katholischen Häusern zu verbannen und statt des Giftes nahrhafte Speise zu bieten. Die Bischöfe ihrerseits versprechen, auch auf diesem Gebiete mit neuem Muth den Kampf aufzunehmen, um in der Zeit, da der Krieg gegen die Weltordnung in ein letztes Stadium zu treten scheint, und die Feinde des Kreuzes Christi in den engsten Bund zusammentreten, um die Grundpfeiler der menschlichen Gesellschaft zu stürzen, auch mit diesen Waffen wohlgerüstet dazustehen. Noch mehr: gegenüber dieser stolz sich blähenden, in allen Farben schillernden Wissenschaft weist die Kirche, seit allen Jahrhunderten die einzig wahre Erzieherin der Menschheit, hin auf die Wissenschaft des Kreuzes, die wahre, die höchste Wissenschaft; sie zeigt der Welt 26 Martyrer, die um Christi willen Thoren geworden, die

im Kreuz und durch das Kreuz die Welt überwunden
haben und nun eine Glorie erfahren im Himmel und
auf Erden, von welcher ihre Zeitgenossen kaum eine
Ahnung sich machen konnten.

Und während die Industrie im neuen, jetzt schon
verrufenen Krystallpalast zu Brompton in London ihr
funkelndes Pfauenrad schlägt und zeigt, was der sinn-
liche Mensch Alles zu seinem Erdenwollen braucht;
während sie eben den eisenspottenden Granit des Mont
Cenis durchbrechen, um in sechs Jahren mit dem Loko-
motiv durch den Bauch des Berges zu fahren, der einst
die gefürchtete Heerstraße gallischer Krieger gewesen;
während Andere eine Riesenröhre über den Canal werfen wollen, um die Dampfer, die nicht schnell genug
fahren, unnütz zu machen und Paris und London noch
näher zu bringen; während London, mit dem bereits
unnütz gewordenen Themsetunnel nicht zufrieden, weit-
verzweigte unterirdische Eisenbahnen vollendet, die täglich Tausende in die City führen; und während über
diesen riesenhaften Siegen des menschlichen Geistes die
Wunderkraft des Schöpfers vergessen, ja verspottet wird:
da weist die Kirche plötzlich hin auf das Blut zahlrei-
cher Martyrer, sie zeigt den königlichen Weg des Kreuzes und führt uns hinaus auf einen neuen Kalvarien-
berg, fern im äußersten Osten der Welt. Dort ragen
26 Kreuze aus der Erde, 26 arme Mönche sind daran
mit Schellen befestigt, von Lanzen durchstoßen. Jubelnd empfingen alle den Todesstoß und folgten Psalmen singend dem Heiland in's himmlische Jerusalem.

Zweites Kapitel.

Am Abend des großen Pfingstfestes, welches für
Viele, die ihm angewohnt, die Erde wie zum Himmel
umwandelte, indem die triumphirende und streitende
Kirche sich in überaus feierlicher Weise die Hände reichten, sah man nebst der in 2000 Flammen strahlenden
Engelsbrücke drei Tempel Roms in besonders präch-
tiger Beleuchtung; Ara-Coeli auf dem Capitol, die
Hauptkirche der Franciscaner, il Gesù, die Mutter
aller Jesuitenkirchen und San Carlo alle quattro Fon-
tane, die erste der fünf Trinitarierkirchen in Rom.
Ara-Coeli, erbaut auf den Substructionen des alten
weltberühmten Jupitertempels und seit 1250 im Besitz
der Jünger des hl. Franciscus, sah selten glänzendere
Tage als von Pfingstsamstag dieses Jahres bis zum
Triduum in der Frohnleichnamsoctav, das über alle
Beschreibung großartig gefeiert wurde. Am Abend des
Festes vom 8. Juni aber warf die Façade der Basilika
noch immer nicht vollendet, weithin ihr verklärendes
Licht. In der Mitte flammte ein Doppelkreuz in blen-
dender Krystallhelle; die Säulen, die man formirte
und die keiner bestimmten Ordnung angehörten, waren
durch gedämpftes Laternenlicht gebildet, das oberste
Gebälk und die scheinbar quadraten Fenster des Gerü-
stes setzten sich aus hohen hellen Flammen zusammen.
Die große Marmortreppe von 124 Stufen, aus Frag-
menten des Aurelianischen Sonnentempels construirt,
wurde ebenfalls von mächtigen Flammen erleuchtet.
Auch die Façade del Gesù, sonst nicht sehr schmuck von

Della Porta vollendet, machte heute durch das Spiel von vielen hunderten horizontal und vertikal angebrach=ter Laternen einen mächtigen Eindruck. Die jubelnde Mutter weiht den Glanz den drei glorreichen Streitern des Herrn, ihren Söhnen. Reicher noch als an den drei genannten Kirchen entwickelte sich an San Carlo die Lichterpracht. Der etwas ausschweifende Geschmack Borrominis hat der im Oval 1649 gebauten Kirche im Aeußern viel Simswerk angepaßt, dessen Linien heute nun in allen Richtungen mit gedämpften Lichtern verfolgt wurden. Zwei blaurothe Kreuze, wie eines dem Gründer der Trinitarier, Johannes von Matha, als ein neues Konstantinszeichen erschienen, funkelten in Krystall, auch sonst trug jede Laterne das Sieges=zeichen des Ordens der Dreieinigkeit. All' der Lichter=glanz strahlte wieder in den vier Eckbrunnen, die Six=tus V. auf diesen Centralplatz hatte hinleiten lassen.

Es ist aber geziemend, daß die Freude über die Heiligen in Licht und Feuer ihren Ausdruck sucht. Fun=kenwerfend standen sie selbst in ihrer Zeit, Leuchtthür=men ähnlich, die ihr Licht von Gott erhalten, durch das sie den Menschen, die in Verwirrung und Finster=niß auf Erden wandeln, den rechten Pfad zeigen. Vom Himmel leuchten sie wieder wie die Sterne im unver=gänglichen Glanze, und ihre Gebeine und Reliquien auf Erden glänzen hinwieder zum Himmel hinauf, wie Gold und Edelgestein. Wer dachte bei der Beleuchtung der Peterskirche, besonders der Kuppel, am Pfingst=montag nicht gerne an die lieben Heiligen, welche der streitenden und triumphirenden Kirche gleich sehr ange=

hören, denen bereits das ewige Licht leuchtet und die im Abglanz dieses ewigen Lichtes selbst wieder wie Feuersäulen uns entgegen treten? Die Trinitarier aber mochten mit Recht im Anblick des besonderen Lichter= reichthums ihrer Kirche denken an die Episteistelle im Officium des hl. Michael de Sanctis: „lampades ejus lampades ignis et flammarum."

Diesen drei Orden, den Franciscanern, Jesuiten und Trinitariern, galt die heutige Feier mehr als an= dern. Eine neue Glorie ward diesen drei Familien Gottes, der großen zahlreichen der Franciscaner, der weniger zahlreichen aber ebenso thätigen und einfluß= vollen der Jesuiten und der kleineren der Trinitarier bereitet. Die großen Ordensstifter und Patriarchen Johannes von Matha, Franciscus von Assisi und Jg= natius von Loyola sehen im Himmel und auf Erden ihre Werke, die sie im Auftrag Gottes einst unternom= men, mit neuen großen Segnungen überhäuft; 23 Martyrer trugen die braune Kutte und den Strick des Armen von Assisi, drei Martyrer den dunkeln Talar und den Rosenkranz des Asceten von Manresa, den 27sten, einen heiligen Bekenner, zierte das schöne weiße Kleid des Erlöserordens mit dem blaurothen Kreuz und dem dunkeln Mantel.

Die 23 Franciscaner finden um den Thron des Lammes bereits eine große Zahl von Heiligen und Seligen ihres Ordens versammelt. Das Martyrium ist in diesem Orden zu Hause, dessen Stifter auf der

Höhe von Alverno vom göttlichen Seraph die Wund=
male des Gekreuzigten in's Fleisch gebildet wurden,
um zu zeigen, daß der wahre Christ ein gekreuzigter
sein müsse und daß die Abtödtung und Buße das Wahr=
zeichen eines wahrhaft Gläubigen sei. Schon zu Leb=
zeiten des Heiligen erlitten den Martyrertod in Ma=
rocco fünf seiner Jünger, Berardus, Petrus, Accur=
sus, Abjutus und Otto, die Protomartyrer des Ordens.
Nach ihnen nennt die Franciscanerlitanei als Blutzeu=
gen für die Wahrheit die Heiligen Daniel, Angelus,
Samuel, Leo, Hugolin, Nikolaus und den hl. Fidelis
von Sigmaringen aus Deutschland. Diesen zunächst
reihen sich die am 8. Juni canonisirten japanischen
Martyrer an. Die vier Angeln des seraphischen Or=
dens aber, St. Franciscus, St. Bonaventura, der se=
raphische Lehrer, St. Antonius, der Portugiese, der in
Padua die reichste Kirche in Italien besitzt und der
Wunderthäter des Ordens ist, und St. Clara, die se=
raphische Mutter, die Gründerin der Klarissen: welch'
eine glänzende Schaar von Heiligen erblickt man in
ihrem Gefolge! Bernardin von Siena, der große Pre=
diger und Reformator, erscheint zuerst, dann Johannes
von Capistran, der die Völker zu großen Thaten be=
geisterte, und Petrus von Alcantara, dessen Licht von
Spanien aus die Welt erleuchtete. Wunder der Gnade
waren Jakob von Marchia, Franciscus Solanus und
Peter Regalatus. Wer kann ihre Geschichte lesen, so=
wie die der Heiligen Dibacus, Paschalis, Benedictus,
Pacificus, Johannes, Joseph und Felix, und wird nicht
hingerissen von dem Uebermaß der Barmherzigkeit und

Pfingstfest.   2

Gnade, die der Herr seinen Auserwählten zu Theil werden läßt? Joseph von Cupertin, Joseph von Lionissa und der hl. Seraphinus strahlen als die schönsten Perlen in der Heiligenkrone des wunderbaren Seraphs. Auch im dritten Orden hat die minnende Liebe zur Armuth Heilige gebildet. Ferdinand von Spanien, Ludwig von Frankreich, Ivo von der Bretagne und Konrad aus Italien sind hochragende Gestalten, an die sich würdig die Heiligen Elzear von Sabran und Rochus reihen. Lieblicher als der Chor der hl. Frauen und Jungfrauen, welcher sich um St. Clara, in der die christliche Pietas ihren Typus gefunden, gruppirt, ist kaum der jungfräuliche Kreis um die hl. Agnes, wie ihn das Auge in St. Agnese fuori in Farben verherrlicht sieht. Der seraphischen Mutter am nächsten steht St. Agnes von Assisi, ihre Schwester, beide durch Franciscus in das strömende wunderbare Freundesleben hineingezogen, sie haben nach seinem Tode auch dessen Wundmale geschaut. Die Rosa von Viterbo, wer kann sie wieder vergessen, wenn er nur einmal ihre Geschichte gelesen oder ihr Leben in frommer Schilderei gesehen hat? Die Heiligen Katharina von Bologna, Coleta, Veronika, Hyacintha, Angela, Anastasia und Margaretha von Cortona: sie alle lernten die Wissenschaft des Kreuzes und tauschten mit dem Heiland Herz um Herz. Wer dürfte Elisabeth von Portugal übergehen und die andere Elisabeth, das Königskind aus Ungarn, die Landgräfin von Thüringen, die der traditionelle Typus der hl. Charitas geworden ist und von welcher es im Hymnus heißt:

Ave gemma speciosa
Mulierum, sydus et rosa!

Neben dieſer von der Kirche in's Album der Hei=
ligen eingeſchriebenen Jünger und Jüngerinnen des
poveretto d'Assisi zählt der Orden viele canoniſch
Beatificirte, Martyrer wie Bekenner; die Zahl ſteigt
über hundert. Tauſende aber ſind es und nicht genau
zu fixiren, die im Orden, in einzelnen Provinzen, vom
Volke als im Ruf der Heiligkeit verſtorben verehrt wer=
den, ohne daß weder für ihre Beatification noch Ca=
noniſation bisher Schritte geſchehen wären. In Japan
ſelbſt iſt außer dem Hügel bei Nangaſaki manche Höhe
und manches Thal mit dem Blute von Martyrern des
Ordens befruchtet. Es gehören aber alle dieſe Heili=
gen der ganzen großen Familie des Patriarchen Fran=
ciscus an, die bekanntlich in ſechs Zweigen ſich über
die Welt ausbreitet. Vier davon, ſtark über 22,000
Brüder zählend, haben ihren gemeinſamen General in
Ara=Coeli. Das ſind 1) die Obſervanten von St. Ma=
ria in Ara=Coeli, die ſich z. B. auch in St. Bartolo=
meo auf der Tiberinſel finden; 2) die Reformirten, die
ein liebliches Heiligthum in ihrem Hauptkloſter in San
Francesco a Ripa beſitzen; beide Zweige ſind gleich
ſtark (nahezu 10,000); 3) die Recollecten, die in San
Iſidoro auf dem Pincio eine Kirche haben, und 4)
die ſtrengen Alcantariner, die augenblicklich kein Klo=
ſter in Rom beſitzen. Neben dieſen vier eine einzige
Gruppe bildenden Abtheilungen ſtehen die Conventualen,
die außer in ihrer Hauptkirche zu den Apoſteln auch in
St. Dorothea in Trastevere und am Viminal ſich nie=

2*

verlaſſen, und die volksthümlichen ehrwürdigen Kapu=
ziner, deren General abwechſelnd in Spanien und in
dem großen Kloſter von der unbefleckten Empfängniß
am Plaß Barberini reſidirt, und die jeßt etwas über
11,000 Mitglieder zählen und 16 Biſchöfe in den
Miſſionen unterhalten haben.

Beim großen Triduum in Ara=Coeli ſah man über
den 22 Medaillonbildern an der Hochwand der Baſi=
lika, welche die mittelalterlichen Heiligen des Ordens
darſtellen, Bilder der 23 neuen Heiligen geſchickt an=
gebracht, auch an der Weſtwand, im ſüdlichen Tran=
ſeptflügel und auf dem Hochaltar, deſſen Bild ſie in
ihrer himmliſchen Glorie zeigte. Die in fünffachen
Reihen übereinander vertheilten Glasluſter werfen maſ=
ſenhaftes Licht auf die älteren wie die neuen Bilder,
welche ſo dem Beſchauer die Geſchichte des Ordens
ſchön vergegenwärtigt.

Die drei canoniſirten Jeſuiten finden ebenfalls
im Himmel eine überaus herrliche Schaar, die zum
Theil ihre Zeitgenoſſen waren. St. Ignatius, wie
glorreich iſt ſein Grab auf Erden in il Geſu! St.
Xaverius, das vollkommenſte Muſter der Miſſionäre,
Franz Borgias, der, ein ſpaniſcher Grand, von Igna=
tius die Energie im Bußeifer überkommen, Franz Re=
gis und endlich die Engel auf Erden Aloiſius und
Stanislaus Koſtka, über deren lieblichen Heiligthümern
wohl die meiſten Prieſter, die zum Pfingſtfeſt pilgerten,
das unblutige Opfer des Lammes feierten, und in de=
ren Zimmern alle Pilger gebetet haben. Als vorzüg=
lichſte Martyrer der Geſellſchaft ſind Johannes Britto

der Portugiese, Andreas Bobola der Pole und Ignatius Alzevedo, der mit 39 Gefährten 1570 von den
Holländern grausam ermordet wurde, jüngst beatificirt
worden. Für mehr als 60 Blutzeugen, die 1620 in
Japan durch Feuer und Marterwerkzeuge den Tod erlitten, konnte der Canonisationsproceß nicht mehr zu
Ende gebracht werden, sonst wäre auch ihnen und für
sie am 8. Juni der Cult der Heiligen decretirt worden;
für 40 andere, die gleichzeitig den Heldentod starben,
fehlen die Zeugnisse, um den überaus strengen Pro-
cessen zu genügen. Wer die Menologien des Ordens
liest, wird noch vielen anderen Martyrern begegnen;
Mastrilli († 1637) und Carlo Spinola aus Genua
(gem. 1622) seien nur noch erwähnt.

Der engelgleiche Heilige Michael de Sanctis,
der Trinitarier, der sich selbst das martyrium flaminis
aufgelegt hat, sieht vor dem Throne Gottes zunächst
die zwei großen Gründer seines Ordens Johannes von
Matha und Felir von Valois, welcher im Officium
immer zugleich gedacht wird, ähnlich wie die Apostelfürsten, welche auch die Kirche stets in Gesellschaft behandelt; beide haben 1198 in wunderbarem Entgegen-
kommen den Orden de redemptione captivorum gegründet, dessen erstes Kloster St. Mathurin in Paris
war und dessen General später zufolge einer bedeutungs-
vollen Erscheinung in Cerfroy Residenz nahm. Der
Orden zählt in 660jährigem Bestehen 7127 Martyrer
und Bekenner; Christophorus, der muthige Knabe, der
so freudig für den Herrn starb, Simon de Noras, einer
der größten Freunde der Mutter Gottes, und Johann

Baptiſt, von der unbefleckten Empfängniß, der Refor=
mator des Ordens, vor deſſen Reliquien in dieſen Ta=
gen ein Kranker in ganz merkwürdiger Weiſe geheilt
wurde, wollen vor Vielen genannt ſein. Seitdem man
im Jahr 1200 die erſte Schaar von 200 losgekauften
Chriſten aus Marocco nach dem ſchmerzlich entbehrten
Vaterland heimkehren ſah, wurden im Ganzen nahezu
eine Million Gefangener, Laien, Prieſter, Mönche, Klo=
ſterfrauen aus der Sklaverei der Saracenen losgekauft.
Die Mitglieder gelobten ja nicht nur ihr Vermögen,
ſondern ihre eigene Perſönlichkeit der Loskaufung der
Gefangenen zu weihen. Jetzt zählt der Orden, der ſich
in beſchuhte und unbeſchuhte Trinitarier ſcheidet, in
vier Provinzen etwa 400 Mitglieder; Spanien hat
allein 129 Convente im Jahr 1835 aufgehoben. Er
verfolgt ſeinen Zweck heute wie früher ſo weit die
Kräfte reichen. Viele der ſchwarzen Kinder, die in
den Klöſtern Tyrols und Bayerns die allgemeinen Lieb=
linge geworden ſind, haben die Patres von San Cri=
ſogono in Trastevere auf den Märkten Aegyptens auf=
gekauft. Auch viele chriſtliche Soldaten in der türki=
ſchen Armee werden durch ſie gerettet. Noch gilt der
Hymnus:

„Regna barbara petuntur,
Vincta plurima solvuntur
A Joannis sociis.
Qui non statim liberantur
Ne vacillent solidantur
Sacra in fide et roborantur
Spe coelestis praemii.‟

Die drei Orden werden durch die neuen Schutz=

heiligen neue Kraft zu ihren großen Missionen erhalten.

In dieser Festschrift kann weder die Geschichte der
Franciscanermissionen (deren fünfter Band bald in
Rom ausgegeben wird), noch die Thätigkeit der Jesuiten in Japan in breiter Darstellung vor dem Leser
sich entfalten; auch in der Biographie will eine zweck-
entsprechende Kürze beobachtet sein.

Der hl. Michael de Sanctis, eine Blume so lieblich auf spanischem Boden wie St. Aloisius auf italieni-
schem, verband in seinem Leben jungfräuliche Lilienrein-
heit mit außerordentlichen Bußwerken. Spanien ist das
Land der großen Heiligen und des unbefleckten Glaubens. Noch ein Kind, gelobt er dem Himmel, Reli-
giose zu werden, ja verläßt schon mit sechs Jahren das
Mutterhaus, um auf einem nahen Berg wie ein Ein-
siedler zu leben, von wo ihn aber die Elternliebe zurück-
führt. Das Haus des Herrn sucht er am liebsten auf.
Die Functionen am Altar sind seine Wonne. Ist die
Schule zu Ende, so schlendert er nicht mit den Jungen,
sondern flüchtet in die Dreifaltigkeitskirche zu Vich,
seiner Vaterstadt, wo er vor dem Gnadenbild der
Mutter Gottes zur Einsamkeit den duftigen Weihrauch
seines Gebetes opfert. Hier hat der Auserwählte ewige
Reinheit gelobt, hier sind ihm die reichsten Gnaden
zu Theil geworden. Mußte Maria nicht Wohlgefallen
an ihrem Söhnchen haben? Gab er sich doch schon
vom sechsten Jahre an strengster Abtödtung hin. Er

streckte die zarten Glieder auf stechendes Lager, legte wie St. Franciscus sein Köpfchen auf einen rauhen Stein und schlug seinen Leib wie Aloisius unbarmherzig mit Geißeln. Sein Gebet dehnte sich manchmal auch die ganze Nacht aus. In der Fastenzeit erreichen die Abtödtungen einen ungleich höheren Grad, sonst sind ohnehin immer drei Tage der Woche durch besonderes Fasten geheiligt „aus Liebe zu Gott und um Verzeihung der Sünden zu erlangen." Die zärtlichste Liebe beseelt ihn für die Armen; er theilt Alles, worüber er nur verfügen kann, unter sie. So verlebte Michael seine Kindeszeit in reichster Gnadenfülle. Im Reiche der Gnade aber entfaltet der Herr seine volle Wundermacht, und der Mensch kann Gottes Weisheit, Güte, Vorsehung und Größe nicht genauer erkennen, als in den auserwählten Seelen, deren Leben ein beständiger Hymnus auf den dreieinigen Gott ist und die wahrste und verständlichste Erklärung und Fortsetzung der hl. Schrift. Es starben die Eltern Michaels, der Vater, Enrico Argenier, und die Mutter, Margherita Monserraba, die ihn 1591 geboren hatte. Nun ließ er sich durch keine Hindernisse, die ihm seine Vormünder stellten, mehr zurückhalten, sondern folgte dem Zuge der göttlichen Gnade und ging im 13. Jahr in's Kloster der beschuhten Trinitarier in Barcelona. Nach dreijährigem Noviziat legte er am 30. September 1607 die Profeß ab; er war 16 Jahre alt. Vier Monate darauf erklärte er den Wunsch, in ein Kloster der unbeschuhten Trinitarier von der Reform treten zu dürfen, der ihm auch gewährt wurde. Hier war er bald die

Bewunderung seiner Mitbrüder und erhielt den Beinamen des Heiligen. Seine Abtödtungen kannten keine andern Grenzen als die des Gehorsams, so daß er das Mitleid erregte wegen der selbstgewählten Torturen. Er ist Christi Freund und Vertrauter, sein Geliebter, der ihm sein Herz eintauscht. Die Sprache der Menschen kann es nicht beschreiben und der Verstand der Engel nicht erfassen, wie groß die Liebe Gottes zu einem Heiligen ist, der mit dem Körper auf Erden, mit dem Geist im Himmel lebt. Diese Seele liebt und ehrt ihn mehr als alle irdischen Creaturen auf Erden; sie ist der Wiederschein Gottes, der Spiegel seiner Güte, das Abbild seiner Vollkommenheit. Nimm die Erde in ihrer Größe und Fruchtbarkeit, die Blumen in all' ihrer Farbenpracht, die vielgestaltige Thierwelt; nimm das unendliche Meer in seiner ewigen Brandung, das Firmament in der Majestät seiner Wandelsterne und Sonnen: und sie offenbaren dir nicht so viel Macht und Größe des Schöpfers, als das Seelenleben eines Heiligen.

Aeußerlich verläuft das Leben Michaels einfach. Nach Vollendung seiner Studien erhält er trotz wiederholter Ablehnung die Priesterweihe und wirkt nun als ausgezeichneter Prediger und Beichtvater auf die Seelen Vieler. Die Weisheit und Wissenschaft, durch die er über Viele hervorragt, befähigen ihn zum Klosteroberen in Valladolid. Für den Demüthigen ist diese Erhebung die schwerste Prüfung, der er sich aber im Gehorsam unterzieht. In pünktlichster Pflichterfüllung streng gegen sich leitet er das geistliche Leben wie die

2 **

materiellen Angelegenheiten der ihm Anvertrauten mit gewissenhafter Treue. Am 1. April 1625 befiel ihn ein Fieber, dem er am 9. April unterlag. Er starb mit den Worten: Amo Deum, credo in Deum, spero in Deum. Er zählte etwas über 33 Jahre wie sein Heiland.

Wie einfach und kurz sein äußerer Lebenslauf, ebenso großartig und reich war sein inneres Leben. Consummatus in brevi explevit tempora multa; placita enim erat Deo anima illius; propter hoc properavit educere eum de medio iniquitatum. Weil Michael wie Elias, Elisäus und Johannes durch seine Reinheit von den Engeln nicht unterschieden war, würdigte ihn der Herr wunderbarer Gesichte. Wie der Erdenschwere entbunden, schwebt er 40 Schritte weit in der Luft, um das Kreuz zu umarmen, das einer seiner Brüder der Verspottung entzieht; auch beim hl. Opfer hält ihn die Verzückung über die Erde. Die Kranken flüchten vor die Pforte seines Klosters, und er heilt sie durch Handauflegung im Namen Gottes.

Nachdem schon ein Monat nach seinem Tode die Proceßacten begonnen hatten, wurde er am 2. Mai 1779 beatificirt. Pius IX., als Lehrer der Kirche gesetzt und durch Hülfe des hl. Geistes erkennend, wo wahre und vollkommene christliche Tugend ist, sowie reine und hervorragende Heiligkeit des Lebens, hat den engelgleichen Ordensmann heilig gesprochen und ihm die Ehre verliehen, in Vergleich mit welcher aller Ruhm der Welt eitel ist und nichts wiegt.

Die 26 japanischen Martyrer werden schon seit
dem Jahre 1627 auf den Altären ihrer Orden verehrt. Das Evangelium von den acht Seligkeiten wird
in der betreffenden Messe gelesen. Waren doch der
Kreuzigung in Nangasaki am 5. Februar 1597 schreck-
bare Zeichen der Natur vorangegangen, die Kreuzigung selbst war von außerordentlichen Erscheinungen
begleitet. Und am ersten Freitag nach ihrem Tode
sah man Lichtstrahlen und Feuersäulen über jedem
Kreuze sich erheben. Sie bewegten sich nach einiger
Zeit fort zum Hospital der Franciscaner und blieben
darüber, bewegten sich wieder langsam weiter zur Mut-
tergotteskapelle, wo sie verschwanden. Um Mitte März
dieses Jahres ward eine mächtige Feuersäule über dem
Platz der Marter, über der Jesuitenresidenz in Nangasaki gesehen. Trotzdem daß die Körper monatelang
an den Kreuzen hingen, erhielten sie sich schön frisch
und weich, und das Antlitz der Martyrer erschien
leuchtend wie im Leben. Kein räuberischer Vogel wagte
sich an die kostbaren Reliquien heran; Petrus Baptista schaute Tage lang mit offenem Auge himmelan,
gerade so wie im Augenblick, da er den Todesstoß
empfangen. Schon drei Monate nach der Kreuzigung
wurde der erste Proceß zu ihrer Canonisation begonnen. Pietro Gomez sammelte endlich die Reliquien
und brachte sie erst in die Jesuitenkirche in Nangasaki;
von da transferirte man die der Franciscaner nach
Manilla auf den Philippinen, wo sie mit ungeheurem
Jubel in Empfang genommen wurden, jene der Jesuiten wurden nach Macao geschickt. Das christliche

Volk aber begehrte, daß man die Kämpfer Christi verehren dürfe. Der Erzbischof von Manilla und der Bischof von Japan hatten die Acten nach Rom geschickt und betrieben energisch die Processe; auch König Philipp II. und seine Gemahlin, Königin Isabella, unterstützten die Bitten der Bewohner von Manilla und Macao. Am 1. April 1626 erklärte dann auch das Tribunal der Rota, daß die 26 Bekenner Christi wirklich Martyrer seien, am 4. September 1627 beatificirte sie Urban VIII. und erlaubte dem seraphischen Orden wie dem der Jesuiten und den Diöcesen von Manilla, am 5. Februar ihr Officium zu feiern. Die Cardinäle nannten sie in ihren Decreten bereits Heilige und Clemens XII. verlieh am 13. Juli 1739 einen vollkommenen Ablaß, der in allen Franciscanerkirchen am Feste der Martyrer gewonnen werden kann.

Indeß ist die Beatification doch nur die Vorbereitung zur Canonisation, gibt nur die Erlaubniß der Verehrung und beschränkt den Cult auf eine Provinz, eine Stadt, eine Diöcese, einen Orden; die Canonisation aber gibt eine feierliche Erklärung des Papstes von der Heiligkeit der Personen, befiehlt, sie als Heilige zu betrachten und dehnt den Cult ohne Einschränkung aus auf die ganze christliche Welt. Dieses sollte auch den Gekreuzigten von Nangasaki zu Theil werden. Denn der hl. Ambrosius sagt: habet sanguis vocem canoram quae de terris ad coelum pervenit. Und im Hymnus steht geschrieben:

Piae latebant hostiae
Sed non latebat fons sacer,

Latere sanguis non potest
Qui clamat ad Deum patrem.

Warum dieß gerade in diesen Tagen geschah, wer
vermag die Geheimnisse Gottes zu durchschauen? 26
arme, unbekannte Religiosen, in ihrem Leben gänzlich
entblößt von Allem, was Ruhm verleihen kann vor
der Welt, gekreuzigt vor 265 Jahren in einem Win=
kel des äußersten Ostens der Erde, werden plötzlich
glorificirt in einer Zeit, die besser disponirt scheint,
neuerdings für die Freunde Christi Kreuze aufzuschlagen,
als Martyrer zu verherrlichen. Mitten im wüthenden
Krieg gegen das Papstthum erschallt mächtig der Name
dieser Martyrer, mit unerhörtem Glanz wird ihr Mar=
tyrium verherrlicht, daß die ganze Welt staunt und
sich wundert. Noch lebt der Gott im Himmel, der
die Stolzen erniedrigt und die Demüthigen erhöht.
„Sapientiam ipsorum narrent populi et laudem
eorum nuntiet Ecclesia." Und mit Recht. Die Thor=
heit des Kreuzes ist die wahre Weisheit. Die Mar=
tyrer sind der lebendige Beweis, daß unser Glaube
mit Blut erkauft ist, sie geben uns Allen Freudigkeit
im Glauben, Hochherzigkeit, Siegesmuth und den edlen
christlichen Stolz in der Bekenntnißfreudigkeit. Zer=
fallen sind die Paläste der Taicosama wie die aller
Verfolger der Kirche, und Fluch wächst über ihren
Gräbern; aber der Ruhm derjenigen, die für Christus
gelitten, dauert durch die Ewigkeit. So wird Pius IX.
durch diesen Friedensact furchtbar allen seinen Ver=
folgern. Ohne Schutz und Waffen bleibt er unbesiegt,
von allen Seiten bedroht steht er sicher, ist reicher,

nachdem sie ihm fast Alles geraubt, ruhmbedeckt nach niederträchtiger Verleumdung, und nach all' den Sacrilegien der Gottlosen verehrt wie nie. Die Canonisation wird dadurch zum neuen, zum höchsten Triumph dieses großen Pontificats, sie wird eine der großen Thatsachen der Kirchengeschichte, von der an dereinst die Politiker und Historiker einen neuen Sieg des Papstthums zählen werden.

Lassen wir die Heiligen in Gruppen auseinandertreten.

_____

Die Gesellschaft des hl. Ignatius verdiente vor Allen gegen Ausgang des 16. Jahrhunderts die Glorie des Martyrerthums. Die außerordentlichen Dienste, welche die Tausende dieser mit heiliger Begeisterung erfüllten Männer der Kirche geleistet hatten, mußten mit der schönsten Krone belohnt werden. Von der Zeit der Gründung der Gesellschaft an kannten Viele keinen höheren Ehrgeiz, als um Christi willen zu sterben. Welcher Orden hat in den letzten Jahrhunderten mehr für Missionen geleistet als sie, die berufen waren, der Kirche unter der Heidenwelt wieder zu erobern, was sie im germanischen Norden durch den großen Abfall verloren hatte und die dem Süden Europa's den Glauben erhalten haben? Ihnen gelang es, die tausendjährige Knechtschaft der Hindus unter den Moslemin zu brechen, sie haben 70 Braminen getauft, imponirten am Hofe zu Peking durch ihre Kenntnisse, unterrichteten selbst den Kaiser und nahmen hohe Stellen in China ein. Sie schufen die Wunder in Para-

guay, bildeten Künstler und Handwerker unter den
Huronen und wußten Menschenfresser in Congregatio=
nen zu vereinigen. Franz Xaver wurde der große
Conquistador des Heilands im Orient. Nachdem er
1542 die christliche Colonie in Goa umgestaltet, an
der Küste Travancor in einem Monate 10,000 zur
Taufe bewogen hatte, besuchte er die Moluffen, Ma=
lakka, Ternate (1545—47), ließ die Bußpsalmen, die
Evangelien und den Katechismus in's Indische über=
setzen, befestigte die jungen Gemeinden und brach end=
lich 1549 nach Japan auf.

Japan, die große Inselgruppe, war 1542 durch
den Portugiesen Mendez Pinto entdeckt worden. Es
ist ein schönes Land, gemäßigt im Klima und frucht=
bar. Die Bewohner, oft hoch gewachsen und von ein=
nehmender Gestalt, sind nicht ohne Talent für Wissen=
schaft und Kunst und erreichen ein hohes Alter. Die
Anhänger der Sinlosecte anerkennen ein höchstes Wesen,
lassen ihm aber, weil es sich nur mit sich beschäftigt,
und um die Menschen sich nichts kümmert, keinen Cult
zukommen; alle Verehrung geht daher auf die zahl=
losen Camis, die Hausgötzen über. Die Budsosecte
nennt das höchste Wesen Amida, den bösen Geist Jem=
mao; ihre Anhänger glauben an die Unsterblichkeit der
Seele und an einen doppelten Zustand nach dem Tode.
Die japanischen Gesandten, die vor Kurzem die euro=
päischen Weltstädte besuchten, zeigten lebendiges In=
teresse für die modernen Fortschritte in der Mechanik
und allen mehr materiellen Unternehmungen. In vielen
Geschicklichkeiten übertreffen die nationalstolzen Japa=

nefen die Europäer. Jedenfalls verdiente das begabte
Volk, dessen Sprache mit keinem bekannten Idiom eine
Aehnlichkeit hat, und das wahrscheinlich seit der Tren=
nung beim babylonischen Thurmbau die Inselgruppe
bewohnt, in den Kreis der christlichen Nationen ge=
zogen zu werden. Wie hoffnungsvolle Anfänge dazu
waren vorhanden und wie wurden alle Hoffnungen
so gänzlich vernichtet! Jetzt weiß man kaum mehr
einige Christengemeinden im großen Lande zu nennen.

Franz Xaver blieb ungefähr drei Jahre im Lande,
wirkte dritthalb Jahre im Königreich Bunigo und taufte
Viele; die kommenden 40 Jahre unterhielten die Je=
suiten allein die ganze Mission. Hatten sie sich doch
ein Privilegium ausgewirkt, kraft dessen kein anderer
Orden das Recht der Mission dort haben sollte. Segens=
reich war ihre Thätigkeit. Fünf Fürsten bekehrten sich
und viele Kriegs= und Hofleute ließen sich taufen,
bald zählte man 200,000 Katholiken, 250 Kirchen,
13 Seminarien und ein Noviziat der Jesuiten. Die
Kirche Japans bot ein freudiges Schauspiel; die schön=
sten Blumen wuchsen in diesem Garten, wie in unsern
Tagen auf Oceanien, wenn man will auch in Eng=
land und Nordamerika. So hatten auch auf den Phi=
lippinen die ersten Franciscaner, die mit Bruder An=
tonio 1578 gekommen waren, im Laufe von neun Jah=
ren mehr als 300,000 getauft und stattliche Gemeinden
gebildet.

Die japanischen Bonzen, zahllos wie der Sand
am Meere, durften bald nicht mehr ruhig zusehen,
sollten sie nicht um allen Einfluß beim Volke gebracht

werden. Sie wußten in der That schon 1587 eine
Verfolgung gegen die Jesuiten einzuleiten, die indeß
noch keine allgemeine wurde, doch sollte unter dem
Tyrannen Taicosama noch das Blut der Erstlings-
martyrer Japans fließen.

Taicosama ist der Nero der Kirche Japans; ein
roher Barbar, ohne Tugend, ohne mannhaften Sinn,
durch lächerlichen Hochmuth und äußerste Sinnlichkeit
verblendet. Er war aus der untersten Stufe des Volkes zur höchsten Macht aufgestiegen. Erst Fastiba genannt, mit Holzspalten beschäftigt, ging er dann unter
die Soldaten, zeichnete sich aus und gelangte zu Einfluß. In früherer Zeit gehorchte Japan einem Herrn,
zerfiel dann in 66 Herrschaften, von denen 1571 Nobunanga, König von Voari, 35 wieder zu einem Reiche
verband. Fastiba, der glückliche Krieger, folgte ihm
in der Herrschaft und vereinigte bald ganz Japan
wieder unter seinem Scepter. Er nannte sich Campa-
cudona, hernach Taicosama, d. i. der höchste Herr;
16 Jahre blieb er auf dem Thron, von 1582 ab.

Anfangs gleichgültig gegen alle Bekenntnisse, läßt
er die Christen gewähren, achtet sogar ihre Missionäre,
so daß wie unter Nobunanga, so auch unter ihm die
Religion große Fortschritte machte. Er besucht die
Jesuiten, unterhält sich oft und lange mit P. Coeglio
und gewährt ausgedehnte Privilegien. Plötzlich ändert
sich sein Sinn. Weil die christlichen Mädchen sich
seinen Lüsten nicht ebenso fügen, wie die heidnischen,
läßt er die Kreuze zertrümmern, die Kapellen nieder-
reißen und ein Verbannungsdecret gegen die Jesuiten

ausfertigen (1587). Petrus Baptista, der Francis=
caner, der im Namen Philipps II. als Gesandter nach
Japan geschickt wurde, erwirkte den Jesuiten, die von
da an verkleidet im Lande herumirrten und die ge=
schlagenen Gemeinden trösteten, wieder die Freiheit der
Predigt. Taicosama begünstigt sie neuerdings, besucht
sie, bewundert sie; auch mit den Franciscanern tritt
er in trauliches Verhältniß. Sie speisen mit ihm, er
bedient sie in eigener Person, er läßt ihnen Kirchen
bauen, gibt sogar seinem Neffen, der Meaco als Herrsch=
gebiet erhält, den Auftrag, der Patres nie zu ver=
gessen und sie häufig zu sich zu laden. Als er sie die
Aussätzigen pflegen sieht, kommen ihm Gedanken an
ein ewiges Leben; ja er schleicht sich wohl gar bei
Nacht in die Kirche, um den Chorgesang zu hören.
Bei allem dem bleibt er aber doch eine bedauerungs=
würdige Pilatusnatur. Er hat die fire Idee, den
ganzen Erdkreis erobern zu müssen, denn schon bei
seiner Geburt hätten alle Strahlen der Sonne sich
auf sein Haupt concentrirt. In diesem Ehrgeiz hat
er es zunächst auf die Philippinen abgesehen. Auch
seine andere Hauptleidenschaft, die Wollust, wußten
seine Rathgeber, die Bonzen, vortrefflich auszubeuten,
wie wir eben gehört haben. Der wüthendste Christen=
feind am Hofe Taicosama's ist Jacuino, er ist der
wilde Dämon im blutigen Trauerspiel; sein Werk war
die unblutige Verfolgung 1587, er wird auch die
blutige von 1597 zu Stande bringen. Arzt am Hofe
und Gefährte aller Schändlichkeiten seines Herrn, wird
er selbst wieder der Spielball der Bonzen, deren es

in Meaco allein 18,000 gibt. Mit Jacuin vereint, streben sie nach nichts Geringerem, als die ganze christliche Race in Japan zu vertilgen.

Gleichwohl herrschte Ruhe bis zum Ende des Jahres 1596. Die Ausbreitung des Reiches Gottes hatte selbst noch weitere Dimensionen angenommen, weil die Zahl der Arbeiter im Weinberge durch die Ankunft der Franciscaner von den Philippinen beträchtlich vermehrt worden war.

Kaum hatten die Conquistadoren Philipps II., des Königs von Spanien, die Philippinen entdeckt und für Spanien in Besitz genommen, so folgten ihnen auf dem Fuße die Helden Christi, die Franciscaner aus der spanischen Provinz St. Joseph von der Reform des Petrus von Alcantara, welcher Ordenszweig damit die erste Provinz im Orient, San Gregorio genannt, errichtete. Sie zählte 1597 bereits 19 Convente und 49 Hospizien, von welch' letzteren jedes eine Kirche und mehrere Religiosen besaß. Diese Provinz, das Werk des unerschrockenen, mit einer Columbusnatur ausgestatteten Bruders Anton aus Peru, war die Pflanzstätte der ersten Martyrer Japans.

Wie kamen die Franciscaner nach Japan?

Taicosama, geblendet von seinem Glücke, wollte mit den Spaniern anknüpfen und sie wo möglich zwingen, seine Oberherrlichkeit anzuerkennen. Er schickte also an den Vicekönig der Philippinen in Manilla einen Gesandten, den etwas ungeschickten einfältigen Faranda.

Dieser sollte den Spaniern die Größe seines Herrn verkünden und von seinem Beruf, die Welt zu erobern, erzählen; Philipp II. sollte dessen Oberherrlichkeit annehmen, wo nicht, so würden die Waffen Taicosama's bald die Spanier aus den Philippinen vertrieben haben. Die Bürger von Manilla und der Governadore Gomez Perez des Marinas fürchteten Betrug. Es wurde daher P. Cobos, ein Dominicaner, mit reichen Geschenken an den Kaiser geschickt; er führte auch Briefe mit, welche die Zweifel an der legitimen Sendung des Faranda aussprachen. Der Dominicaner wurde von dem Barbaren mit großer Freude in Pracht und Ehren empfangen (1592); Taicosama legte so großes Gewicht auf die Gesandtschaft, daß er alsbald einen neuen Abgeordneten von hohem Rang und mehr Bildung nach Manilla abgehen ließ, der Frieden schließen sollte. Weil aber P. Cobos auf der Rückkehr bei der Formosainsel Schiffbruch litt und mit der ganzen Mannschaft ertrank, dadurch auch die Briefe, die er vom Kaiser mitgenommen, verloren waren, erregte dieser zweite Gesandte in Manilla neue Bedenken und konnte auf keinen Fall das Ziel seiner Sendung erreichen. Der Governadore entschloß sich dagegen eine zweite Gesandtschaft abzuordnen. An ihre Spitze wurde aus mehreren Gründen der geschäftskundige und seeleneifrige Franciscaner Petrus Baptista gestellt.

Die Jesuiten waren seit Langem nicht mehr im Stande, die religiösen Bedürfnisse der zahllosen Christen in Japan zu befriedigen; ihre Zahl, 46 Patres, war zu gering. Selbst der rohe Faranda, damals an-

geblich Chriſt, ſpäter jedenfalls Renegat und feindſelig wie
der teufliſche Jacuin geſinnt, geſtand in Manilla, daß
den Chriſten ſeines Landes mehr Prieſter und Prediger
geſendet werden müßten, ſollten ihre Gemeinden ſich nicht
auflöſen. Im Namen ſeines Herrn lud er die Francis=
caner ein, die eine freudige Aufnahme finden würden.

Der zweite Geſandte beſuchte gerne das Kloſter
der Brüder in Manilla. Er konnte mit Bruder Gon=
ſalvo de Garcia, der die japaniſche Sprache verſtand,
ſich ſo wohl unterhalten; er zeigte ihm Briefe von Tai=
coſama und vielen Großen des Reiches, welche Fran=
ciscaner für Japan begehrten. Man ſandte einige
dieſer Briefe an Philipp II. und Gregor XIII. Der
Geſandte hatte auch Briefe der Chriſten von Aman=
gucchi mitgenommen; dieſe klagten, daß ſie, die einſt
Franz Xaver in der Zahl von 14—15,000 getauft hätte,
nun ſeit zwölf Jahren ohne Prieſter und Unterricht
ſich befänden, ſo daß ſie ſich ſelbſt im Hauſe eines ge=
wiſſen Joachim tauften, wo man eine Sutane, ein
Kreuz und ein Bußwerkzeug des hl. Franciscus ver=
ehrte; ſie ſeien bereits auf 400 zuſammengeſchmolzen.

Tagunſa, der Neffe des Kaiſers und Chriſt, wünſchte
ebenfalls die Patres; ſo auch Fürſt Juſtus Ucondono,
dem einſt 80,000 Menſchen gehorchten und der um
Jeſu willen Alles dahingegeben hatte. Er ſah die
Noth des chriſtlichen Volkes und beſchwor die Fran=
ciscaner herbeizueilen und ihr abzuhelfen. Aehnliche
Briefe langten an aus dem Land von Amacuſa, von
der Königin von Tango, von den 3000 Chriſten in
Firando und aus dem Reiche der Xichi.

Durfte man gegen solche Bitten taub bleiben? Dennoch gingen die Franciscaner der Philippinen nicht, weil Gregor XIII. den Jesuiten das obengenannte Privilegium ertheilt hatte. Selbst als Petrus Baptista als Gesandter nach Japan absegeln sollte, weigerte er sich auch aus diesem Grunde. Der Governadore berieth sich indeß mit dem Erzbischof, der seine Canoniker versammelte und dann erklärte, daß die Bulle Gregors XIII. durch die Gesandtschaft in keiner Weise verletzt würde, weil sein Nachfolger Sirtus V. den Franciscanern der Provinz San Gregorio erlaubt hätte, überall in der Nachbarschaft der Philippinen Convente zu bauen, mit Ausnahme in Malacca, Siam und Cochinchina, wo seit Langem sich schon die mindern Brüder befänden. Auf diese Entscheidung übernahm denn Petrus Baptista die Gesandtschaft, in der Hoffnung, etwas zur Ausbreitung des Reiches Gottes beitragen zu können. Er ging am 31. Mai 1593 unter Segel, begleitet von P. Bartolomeo Ruiz und den Brüdern Francesco della Pariglia und Gonsalvo Garcia. Nach einer stürmischen Fahrt von 30 Tagen landeten sie im Hafen von Firando.

Petrus Baptista Blasquez tritt von nun an in den Vordergrund des heiligen Trauerspiels. Er ist der Mann seiner Zeit, des Jahrhunderts, das die großen Conquistadoren gebildet und in dem die Entdeckung neuer Welten die Herzen außerordentlich erweiterte. Ein anderer Franciscus Xaverius, dem Indien, Japan und China nicht genügten, wird Petrus der Apostel von Mexiko, organisirt die Kirche auf den Philippinen

und erfüllt ganz Japan mit dem Ruhme seiner Tha=
ten. Noch vor seiner Abreise nach Japan zum Bischof
von Camarines von Philipp II. ernannt, empfing er
nach dem Willen des Herrn die Consecration im bluti=
gen Kreuzestod auf dem Marterhügel von Nangasaki;
er war nicht bloß ein Mann der Wissenschaft, sondern
im Leben und im Tode mächtig durch Wunderkraft.

Der Heilige wurde 1545 zu San Stefano in der
Diöcese Avila in Spanien geboren; seine Familie ge=
hörte dem Abel von Altcastilien an. Die Theologie
studirte er auf der Universität in Salamanca. Schon
im Alter von 22 Jahren hatte er sich für den Orden
des hl. Franciscus entschieden und legte 1567 im Con=
vent der unbeschuhten Observanten zu St. Andreas in
Arenas die Gelübde ab. Bald wurde er Prediger,
Lector der Philosophie und Theologie und Oberer in
verschiedenen Klöstern der Provinz. Er leitete eben
als Guardian den Convent von Merida in Estrema=
dura, als 1580 der große Diener Gottes Bruder An=
tonio von San Gregorio die Expedition zur Seelen=
eroberung auf den Philippinen unternahm. Petrus
schloß sich freudig der gottbegeisterten Schaar an: man
zählte 40 Franciscaner. Es war eine rührende Feier,
als Monsignor Sega im Auftrag Gregors XIII. in der
Kirche St. Bernardin zu Madrid den Scheidenden den
apostolischen Segen ertheilte. Dort wurde ihnen ein
reiches Banner von weißem Damast überreicht, die eine
Seite zeigte den gekreuzigten Heiland, auf der andern
erschien die unbefleckte Jungfrau, umgeben von den
Heiligen Franciscus von Assisi und Antonius von Padua.

Weinend sprach der Nuntius des Papstes zu den Vier=
zig: „nehmet hin die Standarte des Kreuzes, um über
die Feinde des wahren Gottes zu triumphiren." Wer
hätte diesen Missionären nicht gerne die Füße geküßt,
sie umarmt und an's Herz gedrückt? Mit Petrus gin=
gen P. Michael Talavera als Oberer der Mission und
apostolischer Commissär, und P. Martin d'Aguirre, ei=
ner unserer Martyrer, P. Petrus Mathias d'Andraba,
der später Bischof von Zebu wurde, P. Martin Ig=
natius von Loyola, ein nächster Verwandter des Or=
densstifters, der zweimal die Runde um die Welt ge=
macht hat und als Bischof in Peru starb, P. Anton
von Villa Nuova, der zu Canton in China im Rufe
der Heiligkeit aus dem Leben schied, u. A.

Das Schiff, das die Missionäre trug, berührte Me=
rico's Küsten, und P. Petrus Baptista blieb hier. In
Merico, wo es noch viele Heiden gab, wo die Creo=
len auf eine gedankenlose Weise reich wurden und wie
die weiße Menschenrace durch Unthätigkeit in Laster
und Entnervung versanken, öffnete sich ihm ein weites
Feld der Thätigkeit. Drei Jahre lang durcheilte er
das endlose Land, predigte, taufte, strafte und drohte
mit dem Zorne Gottes. Von seinen Obern beauftragt,
eine Franciscanerprovinz unter dem Titel San Diego
in Merico zu gründen, löste er im hl. Gehorsam mit
unglaublichem Eifer die Aufgabe, errichtete rasch drei
Convente und besetzte sie mit tüchtigen Religiosen; mit
ebenso viel Geschick leitete er auch die Gründung des
Klosters in Mechoacan. Petrus durcheilte bei Tag
flüchtigen Fußes das Land, bei Nacht lag er auf den

Knieen und erflehte den Segen zum Gotteswerk. Er
gab sich die Disciplin oft bis auf's Blut. So bekehrte
er viele Gößendiener. Der Ruf von seinen Tugenden
und Thaten war bereits auf die Philippinen voraus
geeilt und er mußte 1583 dahin übersiedeln. Sofort
baute er auch in Manilla den Convent San Francisco,
wo er sich zurückzog, um der Contemplation mehr leben zu können. Aber im Jahre 1586 erwählten ihn
seine Brüder zu ihrem Oberen für die ganze Inselgruppe. So war er seiner alten rastlosen Thätigkeit
zurückgegeben. Und wieder baute er Klöster, den Bai-
fluß entlang wie in der weiten Provinz von Camari-
nas, durcheilte alle Inseln bloßen Fußes, ward vom
Volk wie ein Engel verehrt und von den Großen wie
ein Heiliger geachtet. Zum Bischof ernannt, gab ihm
der Ewige die noch schönere Krone des Martyrers.

Konnte Gomez Perez des Marinas wohl einen ge-
eigneteren Gesandten nach Japan schicken? Gewiß vereinigten sich in Petrus Baptista, diesem Vorbild der
Missionäre, alle inneren und äußeren Eigenschaften,
welche Johannes von Capistran in der Erklärung des
zwölften Kapitels der Ordensregel von den Missionären seines Ordens verlangt. Der Missionär sei erfüllt
von heiliger Begeisterung, sei standhaft im Glauben,
stark in der Hoffnung, brennend vor Liebe; ihn ziere
die umsichtige Klugheit, unwandelbare Gerechtigkeit,
standhafter Muth und die gewinnende Bescheidenheit.
Demüthig sei er in der Erhöhung, geduldig im Leiden,
wohlwollend im Umgang. Gänzlich fremd jedem menschlichen Ehrgeiz, kenne er nur die Liebe zu Gott und

den Nächsten. Um Gottes Macht und Wahrheit und
den Ruhm seiner Güte zu verbreiten und in rechter
Art das Heil des Nächsten und der Ungläubigen zu
bestellen, sei er stets für das Martyrium vorbereitet.
Wohlerprobt sei der Missionär in der Disciplin und
vielgeprüft in der Regel, durch Gehorsam, Armuth und
Keuschheit geläutert, Gottes Lob singend, wachend, betend, fastend, abgehärtet durch Arbeit und geistliche
Uebungen, sei er gänzlich der Welt abgestorben und
lebe allein Gott und dem Heil der unsterblichen Seelen. Aeußerlich aber erscheine der Missionär gesund
von Körper, stark und allen Strapazen, Verfolgungen
und Bedrängnissen gewachsen, um Schläge, Verhöhnung und Mißhandlung jeder Art ertragen zu können:
so verdient er es, Sieger zu sein in Allem und durch
Alles und die Krone der ewigen Herrlichkeit zu erlangen.

Als Petrus Baptista mit seinen Gefährten in Firando landete, hielt Taicosama eben Hof in Nangoia.
Kaum hatte er von ihrer Ankunft erfahren, so ordnete
er zwei seiner Hofleute an sie ab, um sie zu empfangen. Sie wurden in den Palast geführt und äußerst
ehrenvoll behandelt. Die Großen des Reiches machten
bis zum Tage der Audienz ihre Besuche.

Bei der Audienz selbst benahm sich der Barbar anfangs äußerst artig gegen die Mönche, bewunderte vor
Allem die Armuth ihrer Kleidung wie die Einfachheit
ihres Benehmens. Er meinte, so müßten die wahren
Christen sein. Petrus überreichte die Geschenke, welche
der Kaiser in Empfang nahm und darauf die Gesandten an der Tafel eigenhändig bediente. Plötzlich aber

fiel er wieder in die Rolle des Barbaren. Aeußerst
derb gab er zu erkennen, daß er die ganze Welt erobern müsse, denn die Sonnenstrahlen hätten sich bei
seiner Geburt über seinem Haupte vereinigt, die Philippinen müßten ihm sich ohne weiters unterwerfen,
wo nicht, so wolle er sie mit 200,000 Mann über-
schwemmen u. s. w. Petrus Baptista antwortete frei
und muthig, mit Klugheit und entschieden, so daß ihn
die Hofleute bewunderten und der Tyrann schließlich
vollkommen befriedigt versprach, mit dem König von
Spanien in freundschaftliche Beziehungen treten zu
wollen. Auch lud er die Patres ein, in seinem Reiche
zu bleiben und sich festzusetzen, er wolle ihnen alle
Hülfe gewähren. Sie speisten wieder mit dem Kaiser
und wurden am Abend von seinem Adoptivsohn bedient. Der Kaiser tändelt wohl auch mit dem Strick
des Petrus Baptista und findet ihn etwas rauh und
wird nicht müde Fragen zu stellen. Er gibt Befehl,
den Gesandten die Herrlichkeit der Stadt zu zeigen;
auch nach Meaco müssen sie gehen, um von dem Glanz
dieser Hauptstadt noch mehr überrascht zu werden.

Sie wohnten sechs Monate im Palast des Fürsten
Tongo, eines Vertrauten des Kaisers. Wie freundlich
auch die Behandlung war, wie sehr man allen Wün-
schen der Missionäre entgegen kam: Petrus Baptista
konnte doch so lange nicht recht froh werden, bis er
eine Kirche und ein Kloster besaß, von wo aus er
das Bekehrungsgeschäft in Japan mit Erfolg betreiben
konnte. Einst begegnet ihm der Kaiser und fragt, ob
er nicht einen Wunsch erfüllt haben wollte. Petrus

benützte die Gelegenheit und klagte, daß er mit den Seinen nicht nach der Regel seines Ordens leben könne, wenn er nicht in einem Convent wohne. Darauf gab der Herrscher den Befehl an den Stadtkommandanten, den Mönchen in Meaco einen passenden Ort zu über= geben, auch sollten sie die Freiheit haben, im ganzen Reiche Häuser zu bauen. Petrus Baptista dankte de= müthigst für die Huld und pries die Vorsehung, die das Herz dieses Barbaren in dieser Weise geleitet habe.

Noch am nämlichen Tag wurde ihm ein wohlgele= gener Platz zum Bau der Kirche, des Klosters und der Anlegung des Gartens angewiesen; der Bau begann auch sogleich auf Kosten des Kaisers, und am Feste des hl. Franciscus 1594 wurde die erste Messe in der Kirche „Maria zu den Engeln" gefeiert. Die Francis= caner hatten festen Fuß in der Hauptstadt Japans ge= faßt. Zahlreich strömten die Christen in die neue Kirche, die bald auch durch viele Wunder verherrlicht wurde. Processionen wurden gehalten, die verschiedenen An= dachten eingeführt und die Christen neu gestärkt und zur Gemeinde vereinigt. Sehr viele Heiden ließen sich taufen. Nach einiger Zeit kamen andere Patres nach, um die Brüder zu unterstützen.

Weil der Aussatz eine überaus verbreitete Krankheit in Japan ist und in Meaco allein damals 3000 Aus= sätzige sich vorfanden, die oft von den Gesunden grau= sam getödtet wurden, sammelte Petrus Almosen, erbat sich dazu Hülfe von Manilla und baute neben dem Convent zwei Hospitäler für diese Unglücklichen. Die Brüder gingen die Kranken aufsuchen und trugen sie

auf ihren Schultern in's Spital, wuschen sie und pfleg=
ten sie mit der zärtlichsten Sorgfalt. Viele wurden
geheilt in Kraft des heiligen Kreuzes. Mit den Brü=
dern zeichneten sich in diesen Liebesdiensten aus: St.
Leo Garasuma, seine Frau und seine Familie, und St.
Paul Suzuqui, die daher auch die Krone des Marty=
riums erlangten. Den Kaiser rührte solche Liebe au=
ßerordentlich.

Petrus Baptista wollte in anderen Städten eben=
falls Mittelpunkte schaffen. So ließ er in der Hafen=
stadt Nangasaki neben der kleinen portugiesischen Kirche
St. Lazarus, die mit zwei Hospitälern verbunden wa=
ren, Zellen für seine Brüder bauen; dann wurde der
Convent in Osaca gegründet, dem er P. Martin d'Aguirre
vorsetzte.

In diesen zwei Conventen zu Meaco und Osaca
bereiteten sich die Brüder für das Martyrium, das
ihnen Petrus Baptista schon vor einiger Zeit voraus=
gesagt hatte. Gott allein weiß, welch' gute Werke
diese Väter in vierjährigem Wirken gestiftet haben.

Die Zeit der Prüfung nahte heran.

Das Jahr 1596 war ein Schreckensjahr für Ja=
pan. Am 20. Juli regnete es in und um Meaco Asche
und wie blutigrothe Erde in solcher Menge, daß die
Dächer, die Wege und Fluren davon bedeckt wurden.
Am 31. August erschreckte ein Erdbeben die Bevölkerung;
fürchterlicher noch war die Nacht des 4. September.
Der Tempel des Daibut, einer der kostbarsten in Ja=
pan, stürzte zusammen, auch der Tempel neben dem
Palast des Dairi; hier wie in Meaco und Osaca wur=

ben viele Götzendiener erschlagen, da selbst mehrere Bonzenklöster nicht von der fürchterlichen Erderschütterung verschont blieben. Am 5. September schien es erst vollends, als hätte die Hölle alle Dämonen ausgespieen, um die Erde zu Staub zu zermalmen. Alles Volk floh auf die Felder vor den zusammenbrechenden Häusern, Tausende aber, die nicht entkommen konnten, wurden lebendig in den Eingeweiden der zürnenden Erde begraben. Furchtbar und über alle Beschreibung gräßlich war der Gräuel der Verwüstung in Fuscino, dem fluchbeladenen Schauplatz des Stolzes und der Wollust Taicosama's. Zahllose Menschen gingen dort zu Grunde, kaum daß der Fürst selbst sich retten konnte. Gleichzeitig wälzte das Meer seine wilden Wogen über die Ufer von Bungo, die Provinz Fingo ward durch einen unerhörten Hagelschlag verwüstet, und der Komet, den das Volk am 15. August gesehen, brachte es vollends zur Verzweiflung.

Jacuin und sein Anhang verstand es, die Schuld an all' dem unermeßlichen Jammer auf die Christen zu wälzen. Bald bot sich ein willkommener Anlaß, allem Haß und Zorn gegen sie vollen Lauf zu lassen.

Am 12. Juli 1596 war die große Galeone St. Philipp von den Philippinen nach Neuspanien in die See gegangen. Das Schiff, reich mit kostbaren Waaren beladen, führte an Bord auch vier Augustiner, einen Dominicaner und zwei Franciscaner, die Brüder Johannes von Jesus und Johannes von Zamora. Ein furchtbarer Sturm zerbrach den Mastbaum, zerriß die Segel und schlug das Steuerruder in Stücke; lange

warb das lecke Fahrzeug auf dem Meer hin und her
geworfen, bis es sich endlich in den Hafen von Urando,
Provinz Tosa, in Japan retten konnte.

Jacuin erklärte das gestrandete Schiff dem kaiser-
lichen Fiscus verfallen und nahm die Geschenke, die
von den Spaniern geboten wurden, nicht an. Mascita, einer der Beamten, sollte die Passagiere gefangen
nehmen und die Güter mit Beschlag belegen. Der spanische Kapitän griff zu einem letzten Mittel, um den
großen Verlust abzuwenden. Er nahm eine geogra-
phische Karte zur Hand und zeigte den Abgeordneten
alle die Länder in Europa, Asien, Afrika und Amerika,
die seinem Herrn gehorchten. Die Japanesen stutzten;
eine so endlose Macht war doch am Ende zu fürchten.
Mascita konnte sich nicht enthalten zu fragen, auf
welche Weise denn der König von Spanien zu solcher
die halbe Welt umfassenden Macht gelangt sei. Und
darauf gab der Befehlshaber des Schiffes, wie die
Annalen der Franciscaner melden, jene so überaus verhängnißvolle Antwort, welche die grausame Verfolgung
veranlaßte. Er sagte: „Erst schicken wir Mönche, welche
die Völker für unsere Religion zu gewinnen suchen;
sind genug Proselyten gemacht, so lassen wir unsere
Heere nachrücken, die dann leichtes Spiel bei der Eroberung haben.“

Mascita, die Tragweite der lügnerischen Rede ein-
sehend, kehrte nach Jeddo zurück, wiederholte sie bei
Jacuin, bei Taicosama, am ganzen Hofe. Der Tyrann
gerieth in eine fürchterliche Wuth, die Jacuin geschickt
auf's Aeußerste zu treiben wußte. Jetzt hatte er doch

sein Ziel erreicht. Nun wurde Alles vergessen, was man dem Petrus Baptista versprochen, auch seine Eigenschaft als Gesandter des Königs von Spanien nicht weiter berücksichtigt. In der ersten Hitze erließ man den Befehl, augenblicklich alle Franciscaner und mit ihnen sämmtliche Christen Japans gefangen zu nehmen und sie dem Tode zu überliefern.

Die Missionäre und ihre Gemeinden hatten sich längst auf ein grausames Martyrium vorbereitet. Tausende sehnten sich in Japan um Jesu willen den Tod zu erleiden und mit ihm das Marterthum des Kreuzes zu bestehen. Sie wußten ja, daß der Jünger nicht über den Meister sei und fürchteten die nicht, welche den Leib tödten, der Seele aber nichts anhaben können. Wie hätte sie auch noch Furcht beschleichen sollen? Hatte der Heiland ihnen nicht so sichtbar, besonders seit vier Jahren, geholfen, standen die Heiligen des Himmels nicht so mächtig ihnen bei? Noch lebten die Wunderthaten des hl. Franciscus Xaverius fort im Gedächtniß Aller. Von Mund zu Mund lief auch das Ereigniß, daß, als bei der Einweihung der lieblichen Muttergotteskirche in Meaco die Glocken des Thürmchens zum ersten Mal läuteten, die große Glocke des nahen Heidentempels verstummte und von diesem Augenblick an aus ihr kein Klang mehr zu entlocken war. Hatten sie nicht oft und oft die süßen beseligenden Harmonien der Engel in der Kirche vernommen, waren nicht einst am Franciscusfeste vier Lampen vor dem

Tabernakel erschienen, ohne daß Jemand wußte, wer
sie gesendet? Und Petrus Baptista — gebot er nicht
im Namen des Herrn den Winden und Wogen und
heilte in Kraft des Kreuzzeichens vom Aussatz? Die
Tochter des Cosimo Joya war nicht die Einzige, die
wunderbar genas, denn der Herr ist wunderbar in
seinen Heiligen. Auch würdigte sich der im Sacramente gegenwärtige Gott den Neugetauften, die manchmal schwach im Glauben waren, sich in Kindesgestalt
in der Hostie zu zeigen und sie so in unverbrüchlicher
Treue zu befestigen. Die Gnaden des Pfingstfestes
waren den Christen Meaco's im reichsten Maß zu
Theil geworden, für sie hatten sich die Ereignisse der
Portiunculakirche wiederholt. Wenn ferner an der
Franciscusstatue in der Kirche zu Meaco Blutstropfen
erschienen, wenn die spanischen Schiffbrüchigen, als ihre
Noth auf hoher See am höchsten stieg, plötzlich in den
Wolken ein Kreuz gewahrten, erst weiß und leuchtend,
dann blutigroth; wenn der gläubige Fürst von Arima
zu Obama ein braunes Kreuz auffand, das rasch die
größte Verehrung erlangte, auch zu Facunda Kreuze
gefunden wurden, von denen Keiner sagen konnte, wo-
her sie kamen; wer mußte bei allen diesen Zeichen nicht
an eine nahende Verfolgung denken? Die Naturer-
scheinungen des Jahres 1596 verstanden die Christen
in Japan wohl zu deuten, welche schon die Leiden des
Jahres 1587 mitgelitten hatten, denn damals waren
ähnliche schreckenerregende Ereignisse vorausgegangen.
Konnte man ferner Gottes Fügung verkennen, als kurz
vor dem Erlaß des Verfolgungsdecrets der Bischof von

3 **

Japan nach Meaco kam, und rastlos Tag und Nacht
die Christen stärkte und ermunterte und sie zu Athleten
des Herrn mit dem Chrisma salbte? In den Zeiten
der Verfolgung wird die triumphirende Kirche nie ihre
besondere Hülfe der streitenden versagen.

Das Decret des Tyrannen lautete auf ein allge-
meines Blutbad unter den Christen. Sie waren bereit.
In Meaco allein boten sich freiwillig 4000 zum Martyrium an. Aber die Großen Taicosama's jammerte
des vielen Volkes. Wozu konnte solche Grausamkeit
nützen? Sollte man Japan entvölkern? Die getreuesten
Unterthanen hinmorden? Auch befanden sich zwei Söhne
des Fürsten Genosoin unter den Christen Meaco's, und
wie zahlreich waren die Bekehrten in den ersten Familien des Landes! Die Großen beschworen daher,
wenn selbst auch Heiden, doch nicht so wüthende Feinde
Christi wie Jacuin und die Bonzen, den Kaiser, mit
dem Tode der Franciscaner und der ihnen am nächsten Stehenden sich zu begnügen. Der Kaiser hörte
auf diesen Rath; immerhin aber wurden viele Christen
ihrer Güter, selbst ihrer Kleider beraubt, ja ihnen die
Frauen und Kinder gewaltsam entrissen.

Am 8. December 1596 wurden dann die Convente
von Meaco und Osaca von den Häschern des Tyrannen umzingelt. Petrus Baptista schickte sogleich ein
Beglückwünschungsschreiben an Martin d'Aguirre in
Osaca und an P. Augustin Rodriguez in Nangasaki,
das diese Vorgesetzten und ihre Untergebenen tröstete
und sie zur heldenmüthigen Geduld ermunterte. Nicht
lange blieben die Patres über ihr Loos im Unklaren.

Am 12. December wurde ihnen das Todesurtheil verlesen. Welch' ein Jubel bei diesen Auserwählten, welch'
ein freudiges, heiliges Danken, daß Gott sie so aus-
zuzeichnen würdigte! Da die Spanier verlangten, man
möchte die Erecution hinausschieben, blieben die Mönche
den ganzen December unter der Wache der Soldaten.
Während dieser Zeit schrieb Petrus Baptista auch an
P. Hieronymus von Jesus und befahl ihm, sich ver-
borgen zu halten, um die zerstreuten Gemeinden dereinst
trösten zu können.

Schon war in Meaco ein Commissär bestimmt,
der die Namen der Christen aufzeichnen sollte, welche
mit den Franciscanern in Gemeinschaft gelebt hatten.
Man notirte erst 160. Diese Zahl däuchte aber dem
Befehlshaber der Stadt zu groß: man sollte neuerdings nur die verzeichnen, die im engsten vertrautesten
Kreise sich mit ihnen bewegt hätten; deren wurden
47 gefunden. Aus diesen wählte man schließlich zwölf,
die des Todes sterben sollten.

Es herrschte aber am Hofe Taicosama's und unter
seinen Beamten bei der ganzen Erekution eine äußerste
Unsicherheit. Der Tyrann schwankte hin und her,
Jacuin trieb zu raschem blutigem Ende, die Großen
wollten zuletzt, man sollte kein Blut vergießen, sondern
die Väter nur verbannen. Fazamburo, mit dem Blut-
amt betraut, hätte sie, er versicherte es wiederholt, so
gerne Alle ziehen lassen. Die Jesuiten sollten nicht
im Verfolgungsdecret mitbegriffen sein, und dennoch
wurden drei in Osaca gefangen gesetzt und mit den
Franciscanern gekreuzigt. Das fühlten wohl Alle, daß

eine böse, himmelschreiende That geschah. Doch wer besaß Muth und Macht genug, den wilden Zorn des Barbaren zu bändigen? Seine Grausamkeit trat in besonders widerwärtiger Weise zu Tage, als er befahl, den Verurtheilten die Nase und beide Ohren abzuschneiden und sie so verstümmelt in den ersten Städten des Landes zur allgemeinen Verhöhnung herumzuführen und dann in Nangasaki zu kreuzigen.

Am letzten Tag des December 1596 sollten die Martyrer in den öffentlichen Kerker der Verurtheilten zu Meaco gebracht werden. Drei Beamte mit Soldaten wurden, um sie zu holen, in das Kloster der Franciscaner hinausgeschickt. Die Brüder singen eben die Vesper. Plötzlich mischt sich Waffengeklirr und Volksgeschrei in ihre Gesänge. Endlich war der glückliche Augenblick gekommen! Petrus, als der Obere, umfaßt das Kreuz, küßt die Füße des Gekreuzigten und geht freudig, dem Beispiel des Heilands am Oelberg folgend, den Häschern entgegen. Die Hände Aller werden mit Stricken gebunden: wehklagend sehen es die christlichen Frauen. Als man durch Namenaufruf sich versichern wollte, daß die Zahl voll sei, fehlte Matthias, der Koch. Die Soldaten durchrannten alle Räume des Convents und schrieen unaufhörlich: wo ist Matthias? Das hörte ein nahestehender Christ, der denselben Namen trug. Vom Geiste Gottes getrieben, drückte er sich durch die Menge und sprach: „Hier ist Matthias; zwar bin ich nicht der, den ihr suchet, aber ich bin Christ und mit den Vätern befreundet.“ Und das Loos fiel auf Matthias, er wurde

gebunden und mitgeführt, unaufhörlich die Barmher=
zigkeit Gottes lobpreisend.

Ehe die Bekenner die Kirche verließen, sangen sie
das Te Deum. Es war ein Jubel, ein Siegesgesang.
Denn schon seit drei Wochen waren ihre Gedanken
mit dem Triumph im Kreuzestod beschäftigt. Dieß
Te Deum aber in der Muttergotteskirche von Meaco
am letzten Tage des Jahres 1596 hat seinen Wieder=
hall gefunden in St. Peter in Rom, als am 8. Juni
1862 um 10 Uhr 10 Minuten Morgens das Canoni=
sationsdecret verlesen war und 40,000, die nach Rom
gepilgert waren, ein anderes Te Deum sangen, so
machtvoll, so erschütternd, wie Keiner, der mitgesungen,
im Leben eines gehört hat; von der Engelsburg wälzten
sich zu gleicher Zeit die Donner der Geschütze über die
Siebenhügelstadt hin, und die geweihten Broncestücke
vor St. Peter machten das unermeßliche Gebäude er=
zittern; 1200 Glocken trugen den Jubel von der ewi=
gen Stadt zu den Himmeln hinauf.

Als die Bekenner den Lobgesang vollendet, gingen
sie, einer nach dem andern, die Hände auf den Rücken
gebunden, zur Kirchenthüre. Dort stimmten sie den
Hymnus: „O gloriosa Domina" an. Ein schmerzlich
rührender Abschied! Nochmals dachten sie im Geiste
an all' die gnadenreichen Begebenheiten, von denen
sie in dieser Kirche seit vier Jahren Zeugen gewesen;
sie dankten der mächtigen Mutter, die sie so treu be=
schützt, und empfahlen sich auf's Neue der getreuen
Jungfrau für die kommenden Tage der Marter. Sie
schritten dann vorüber am Hospital der hl. Anna, das

sie selbst gebaut und wo sie, die Aussätzigen pflegend, die Vorschule des Martyriums durchgemacht hatten; auch hier wurde ein kurzes Gebet verrichtet. Auf dem Weg zum Stadtgefängniß aber drängten sich die Chri= sten massenweise heran, küßten den Saum ihrer Kleider, ihre Füße, ja die Spuren, die ihre Füße in die Erde gedrückt hatten.

Am 1. Januar 1597 befahl der Tyrann von Osaca, die drei Jesuiten und den P. Martin d'Aguirre mit drei anderen Christen nach Meaco zu führen. So waren sie bereits fast Alle, 24, vereinigt. Eine himm= lische Freude, als die Streiter des Herrn sich in diesem wichtigen Moment vor Gott und vor der heidnischen Welt begrüßen und gemeinsam das Opfer ihres Lebens bringen konnten! Sie predigten von den Fenstern ihres Kerkers und munterten die Christen zur Stand= haftigkeit auf. Das Wort Gottes läßt sich ja nicht in Bande schlagen.

Es ist aber jetzt ein günstiger Augenblick, um die Namen der Heiligen einzeln dem Leser vorüberzuführen; zwar ist ihre Zahl noch nicht vollständig,' aber von den zwei Glücklichen, die zuletzt noch der Siegerschaar beigefügt wurden, hat die Geschichte außer ihrem glor= reichen Ende wenig verzeichnet. *

———

Spanien, Japan, Indien und Merico werden durch die Heiligen besonders geehrt, indem sie aus diesen verschiedenen Ländern auf dem Marterhügel von Nangasaki sich zusammenfanden.

Betrachten wir erst die Gruppe der drei Jesuiten. Der eine der hl. Martyrer, Johannes Soan von Goto ist 1578 von christlichen Eltern auf einer der fünf Gotoinseln geboren; er hat die Liebe zum Heiland und zur Kirche mit der Muttermilch eingesogen und die heilige Unschuld sein Leben lang bewahrt. Früh gewann er die Väter der Gesellschaft Jesu lieb, die ihm das Brod des Lebens im Unterricht brachen. Als seine Eltern nach Nangasaki übergesiedelt waren, hatte er reiche Gelegenheit, in der mehr als zur Hälfte katholischen Stadt den Uebungen der Frömmigkeit ob= zuliegen. Endlich entschließt er sich, ganz dem Herrn sich zu weihen und in die Gesellschaft zu treten. Er war 15 Jahre alt. Sein erstes Amt, das des Kate= chisten, übte er auf der Insel Scichi aus und unter= richtete die Kinder mit größtem Eifer. Von da kam er nach Osaca und nahm unter der Leitung der Väter von Tag zu Tag zu in der Vollkommenheit. Mitten in seinem Laufe wurde er früh schon zum Martyrium gerufen; er war 19 Jahre alt, da ihn der Todesstoß traf, und reiht sich so lieblich an Aloisius, Stanislaus Kostka und Bergmanns: ihr Leben war Musik vor Gott und den Menschen.

Wie ganz anders der Lebenslauf des hl. Jacob Chisai! Er blieb bis zum 16. Jahre dem Heiden= thum ergeben; denn 1533 im Reiche Bigen geboren, konnten seine Eltern von Christus und der Erlösung nichts wissen, noch hatte kein Apostel die Küsten des Landes betreten. So wurde der junge Chisai in einem Bonzenkloster in Allem, was die Bildung des Landes bot, unterrichtet; er verstand meisterhaft japanisch zu schreiben. Es scheint, daß er Franciscus Xaverius gekannt hat und von ihm getauft wurde. Später nahm er ein Weib, das ihm einen Sohn, Johannes, gebar, aber hernach Christum verläugnete und sich von der Kirche trennte, so daß er sich von ihr rechtmäßig scheiden ließ. Nachdem er seinen Sohn in ein katholisches Seminar gebracht und seine häuslichen Angelegenheiten geordnet hatte, bat er um Aufnahme in die Gesellschaft Jesu, erhielt sie und wurde Katechist. Von da an beginnt ein strenges Leben der Vollkommenheit. Jacob bereitet die Katechumenen zur Taufe vor, verrichtet am liebsten die niedrigsten Dienste und verwendet alle freie Zeit auf die Betrachtung des bittern Leidens unsers Herrn. Er hat auch die Scenen der Passion gezeichnet und vortrefflich colorirt. In Osaca empfing er als Pförtner die Fremden und bediente sie in den Gastzimmern; in dieser einfachen Lebensart wurde er 64 Jahre alt, als es Gott gefiel, ihm die Martyrerkrone aufzusetzen.

Reicher verlief das Leben des hl. Paulus Michi. Er hat ganz Japan durchlaufen, predigend, taufend und die Sacramente spendend. Gott allein weiß, wie viele Seelen er dem Himmel gewonnen hat. Er ist der erste in Japan, welcher für die Kirche auf dem Felde der Literatur auftritt und als geschickter Polemiker und tüchtiger Theologe ihre Feinde zu Schanden macht. Unwiderstehlich wirkt die Kraft seines Wortes. Mit 33 Jahren wird er gekreuzigt am Freitag, wie sein Meister; wenige Wochen noch und er wäre Prieſter geworden, aber der Heiland gab ihm ebenſo ſtatt deſſen das Martyrium, wie er dem Petrus Baptiſta den biſchöflichen Hirtenſtab mit der Palme eintauſchte. Paulus Michi, aus einem vornehmen Geſchlechte zu Giamaſciro in Japan 1564 geboren, wurde 1568, nachdem ſeine Eltern ſich bekehrt hatten, getauft und wie Samuel Gott zum Opfer gebracht. Den erſten Unterricht genoß er bei P. Auguſtin Soldi in Meaco. Glücklich, wer die Lehren dieſes heiligen Mannes ver=nehmen konnte, ſeine Worte blieben Jedem durch das ganze Leben unvergeßlich. Der junge Paulus trat in's Seminar zu Meaco, von da in jenes von Anzu=ciama, wo er bei der Belagerung durch den Rebellen Achechi nur wie durch ein Wunder gerettet wurde. Er ſetzte ſeine angeſtrengten Studien im Colleg von Tacatzuchi fort und betheiligte ſich von Arima aus bereits an den Miſſionen als Katechiſt. Als ſein Vater im Kriege gefallen war, wurde er 1586 Mitglied des Ordens, im 22. Jahre ſeines Lebens. In Amacuſa vollendete er die philoſophiſchen und theologiſchen Stu=dien und begann da bereits auch ſeine ſchriftſtelleriſche Thätigkeit gegen die Bonzen. Von da an war er ein Apoſtel für Japan. Raſtlos beſchäftigt, ſetzte er wiederholt ſein Leben der Gefahr aus, um Seelen zu retten. Wie Wenige verdiente dieſer gute und getreue Knecht durch die Kreuzesmarter in die ewige Seligkeit einzugehen.

Den großen Führer der zahlreicheren Martyrer=ſchaar der Franciscaner, Petrus Baptiſta, haben wir bereits in ſeinem Leben betrachtet. Ihm zunächſt ſtehen seine Gefährten spanischen Geblüts, in Mexico und auf den Philippinen.

Franciscus vom hl. Michael wurde 1544 auf dem Schloß Pariglia in Altkastilien geboren. Sein Vater, Franciscus von Andrata, und die Mutter, Clara von Arco, beide aus hohem Hause, ließen dem Sohne die beste Erziehung zu Theil werden. Bald wird er die Blume von ganz Kastilien genannt und der allgemeine Liebling. Die engelgleiche Reinheit leuchtete aus seinem Antlitz, das sich in der Anbetung vor Gott und in der Verehrung der Mutter Gottes immer lieblicher verklärte und vergeistigte. Mit 16 Jahren kehrte auch er der Welt den Rücken und unterwarf sich der strengen Regel der Observanten im Convent von Calaorra 1560; hier blieb er drei Jahre, worauf er in das Heiligthum von Abrojo geschickt wurde. Doch war er mit der Strenge in der Provinz von Mariä Empfängniß nicht zufrieden, er trat (1567) in die Provinz St. Joseph über, in welcher noch härtere Bußwerke geübt wurden. Hießen doch seine Eltern Franciscus und Clara: mußte der Sohn nicht der beste Jünger der heiligen Familie werden? Wer möchte in diesem Streben nach äußerster Bußübung, wie wir es auch schon am hl. Michael de Sanctis beobachteten, ein besonderes Zeichen der Auserwählung verkennen! Als Bruder Anton die Schaar für die Philippinen sammelte, bot auch Franciscus sich an; mit Petrus Baptista wirkte er alsdann drei Jahre in Mexico und von 1583 an auf den Philippinen, erhielt an letzterem Orte die Sprachengabe, bekehrte Viele, heilte Kranke, und war auf diese Weise würdig vorbereitet, in Japan die Siegeskrone des Martyrthums zu empfangen.

Gonsalvo Garcia zog erst mit 30 Jahren das demüthige Kleid des Armen von Assisi an und zwar in Manilla (1587) in Gegenwart des hl. Petrus Baptista. Er führte seitdem ein äußerst abgetödtetes Leben. Seine Liebe für die Kranken, die Geduld mit den Fremden, sein Gebetseifer erwarben ihm den Namen des Heiligen. Die Vorsehung führte ihn mit Petrus Baptista nach Japan, dessen Sprache er genau kannte, da er vom 15. Jahre an viel im Lande herumgekommen war. Sein Vater war ein Portugiese, seine Mutter von den canarischen Inseln, er selbst geboren 1557 zu Bazein in Ostindien. Bei den Jesuiten erzogen, folgte er einigen Missionären 1572 nach Japan, trieb da Handel, erlernte die japanische Sprache und stellte sich bald den Jesuiten, die er nie vergessen, als Dolmetsch und Katechist zur Disposition. Schon damals führte er heftige Disputationen mit den Bonzen, die er häufig zu Schanden machte. Nachdem er viel Gutes in Japan gestiftet, fuhr er nach den Philippinen zurück, kam nach Manilla, wo er, betroffen von den Worten des Heilands: „Wenn du vollkommen sein willst, so gehe, verkaufe Alles, was du hast, und gib es den Armen", ein Jünger des hl. Franciscus wurde.

St. Martin d'Aguirre, zugenannt von der Auferstehung, ist nächst Petrus Baptista die mächtigste Persönlichkeit in dieser Heiligengruppe. Im Jahre 1567 auf Schloß Vergara bei Pampelona in Spanien geboren, studirte er auf der Hochschule in Alcala und wurde bald der Stolz seiner Eltern und Lehrer. Doch schon mit 18 Jahren hatte er die Armuth lieber gewonnen, als Reichthümer, Wissenschaft und Ruhm vor den Menschen, und legte am 17. Mai 1586 im Observantenconvent zu Augnon in der Provinz St. Joseph die Profeß ab. Im Kloster St. Bernardin zu Madrid führte er ein so rauhes und seraphreines Leben, daß man ihn einen andern Franciscus nannte. Dabei machte er große Fortschritte in den Wissenschaften. Mit dem Gründer seines Ordens theilte er das Verlangen, den heidnischen Völkern das Evangelium verkünden zu dürfen, unterhielten doch auch damals die Franciscaner die blühendsten Missionen. Als P. Petrus Ortiz eine Schaar von 50 Ordensbrüdern nach den Philippinen führte, schloß auch er sich an, ging mit ihnen bis Cadix und segelte 1593 nach Indien ab. Auf Geheiß der Oberen blieb er erst in Mexico, wo er im Convent von Churubusco Theologie und Philosophie lehrte, kam aber bald nach Manilla, wurde hier abermals Lector und endlich der Mission in Japan beigegeben.

Franciscus Blanco wandelte ebenfalls von Jugend auf die Bahn des Heiligen. Ein Gefäß der Auserwählung, hat der Herr ihm die Gnade in Fülle verliehen, die er treu benützte. Nachdem er in seinem Geburtsort Tamayron im spanischen Galizien den ersten Unterricht erhalten, machte er die Universitätsstudien in Salamanca, verließ noch als Student die Welt, um Observant in Vallalpando zu werden. Als er in der Einsamkeit zu St. Anton bei Salamanca sein No-

viciat bestand, ward er ein liebliches Schauspiel vor
Gott und den Menschen durch Reinheit des Herzens,
Bußeifer und unbegrenzte Gottesliebe; fast drohte sein
Körper zu erliegen unter der Last der selbstauferlegten
Kasteiungen, so daß man ihn in den anmuthigen
Convent von Pontevedra schickte, wo er sich erholte.
Auch ihn verzehrte heiliger Seeleneifer; sein jugendlicher
Thatendurst ließ ihn oft an Indien und dessen Völker
denken. Als nun von Pontevedra 15 Franciscaner
nach Sevilla abgehen sollten, um sich mit P. Ortiz
zu vereinigen, bat auch er seine Oberen, ihn ziehen
zu lassen, erhielt die Erlaubniß, kam nach Cadix, von
da nach Churubusco in Mexico, endlich nach den Philippinen, wo er seine Studien vollendete. Nach Japan
geschickt, starb er mit 30 Jahren den Kreuzestod.

Verdient dieser Heldenmuth unserer Heiligen, welche,
um Seelen zu retten, die schöne Heimath verlassen,
auf den unbequemen Schiffen ihrer Zeit Monate, fast
Jahre lang das Weltmeer durchsegeln und mit Freude
das äußerste Ungemach ertragen, nicht unsere Bewunderung? Und wohin sie kommen, wird die Kirche
unter Blut und Thränen, in Kreuz und Banden und
Kerker, ihre Katakombenzeit durchleiden. Diese Todes-
verachtung um Christi willen bleibt in der Kirche bis
an's Ende der Zeit stark und unüberwindlich, wie sie
ist seit den Tagen des Pfingstfestes, seitdem Stephanus
als der Erste das Martyrium gelitten. Sehen wir
in unsern Tagen nicht dieselben Erscheinungen, wie
in der Zeit der Apostelschüler und in der Periode der
Entdeckung neuer Welten und der Conquistadoren?

Am 24. Mai 1862 stieg der Präfect des Franciscaner-
collegs St. Didacus zu Salta in der Argentinischen
Republik auf ein Schiff in Genua mit 34 Gefährten,
um in Südamerika am Heil der Seelen zu arbeiten.
Das Unternehmen ist so großartig und hoffnungsreich,
wie das von Bruder Anton und P. Ortiz, an welchem
unsere Martyrer sich betheiligten. Am Sonntag Lätare
1862, 30. März, wurde in der Kirche des hl. Franciscus Xaverius in Paris ein rührender apostolischer
Abschied von mehreren Missionären gefeiert, welche
einem fast sicheren Martyrium in China entgegengehen;
der Bischof von Peking ist um dieselbe Zeit mit 18
barmherzigen Schwestern aus dem Mutterhause in der
rue du Bac in Paris abgegangen, welche nun bald
in der Hauptstadt des himmlischen Reiches die Kranken und die Armen pflegen werden, wie unsere Heiligen die Aussätzigen in den Spitälern von Meaco;
am 27. Januar sind fünf Kreuzschwestern von Lüttich
nach Indien abgegangen. Von Drumcontra bei Dublin, dem größten Missionsseminar in der Welt, bringen die englischen Schiffe alle Jahre eine große Zahl
Missionäre nach Australien.

Unter den übrigen hl. Bekennern, die alle Asiaten,
meist Japanesen, sind, sehen wir alle Stände vertreten.
Leo Garasuma von Korea und Bonaventura von Meaco
hatten früher als Bonzen in den Tempeln der Götter
gedient, Leo's Bruder Paulus Ibarchi nahm eine an-
gesehene bürgerliche Stellung ein, ehe er zur Kirche
kam; Franciscus (Medivo) ist Arzt, berühmt und reich,
Gabriel Duizco, von hohem Geblüt, ist Page bei Hof;

Thomas Ibanqui gehört dem Kaufmannsstande an,
Cosimo Taquia und Michael Cosaqui beschäftigten sich
mit Bogenschnitzen; Johannes Quizuya, Joachim Sa-
quiya, Petrus Suquezifo und Franz Fahelante nähr-
ten sich von der Arbeit ihrer Hände. Von ihrer Geschichte können nur wenige Züge wiedergegeben werden.

Leo Garasuma ist im Hause des treuen Cosimo
Joya aus einem Saulus in einen Paulus umgewan-
delt worden, da er 30 Jahre zählte. Erst ein wüthen-
der Verfolger des christlichen Princips, vertheilte er
nach der Bekehrung seine Güter unter die Armen; als
Petrus Baptista nach Meaco gekommen, wird er so
für das höhere Leben eingenommen, daß er seiner frommen Frau freiwillige Trennung vorschlägt; diese geht
darauf ein und sie wohnten ferner wie Bruder und
Schwester beisammen; er wollte dann Franciscaner werden, wurde aber nur als Tertiarier angenommen; er ist
der erste in Japan, der die Pflichten dieses dritten Ordens in Japan auf sich genommen hat und vielen die
Regel lieb gemacht. So dem seraphischen Orden ange-
hörend, unterstützte er die Missionäre mit seiner Person
wie durch sein Geld und betheiligt sich stark beim Bau
des einen Spitals in Meaco. Ihr treuer Begleiter bei
allen guten und frommen Werken, verdient er auch auf
dem Marterhügel bei ihnen zu sein.

Michael Cosaqui lebte in einem Hause nahe bei
dem Kloster. Freund Garasuma's, arbeitete er mit ihm
gemeinsam den Vätern in die Hände und übte sich selbst
in jeder Abtödtung. Sie beide recitirten um Mitter-
nacht die Matutin, des Morgens die Laudes und ver-

weilten viele Zeit anbetend vor dem Sacramente. In ihrer Wohnung fanden die Unglücklichen aller Art Hülfe und Rettung.

Paulus Suzuqui ist der reuige Büßer. Gott hatte ihm einen scharfen Verstand verliehen, so daß er bald einsah, daß er im Heidenthum sein Heil nicht wirken könne. Wir wissen nicht, wann er Christ geworden ist. Doch geschah es vor der Ankunft der Franciscaner in Japan. Als sie nach Meaco kamen, gab er den Christen dieser Stadt durch unmoralischen Wandel großes Aergerniß. Auch auf ihn hat der heilige Garasuma entscheidend eingewirkt. Er sprach mit solchem Ernst und solcher Liebe zu ihm, hielt ihm all' die Aergernisse vor, die er verursache, daß er sein Leben vollständig änderte und von Petrus Baptista in den dritten Orden aufgenommen wurde. Er reformirte nun seine Familie und brachte alle seine Söhne zur Kirche. Es ist rührend zu lesen, wie er sich, um seine Sünden abzubüßen, hier auf Erden schon einen Kreuzesweg durch's Leben wählte. Seine Gebete dauern Tag und Nacht. Auch er eröffnete sein Haus denen, die im Elend sind und wird Allen Alles; er durcheilt das Land, dient als Katechist und Dolmetsch, schreibt einige Tractate zum Unterricht der Neophyten, setzt eine japanische Grammatik und ein Lexikon zusammen und nützt so in jeder Weise den Christen, die ihm den Namen des „Heiligen" schon im Leben gaben.

Paulus Ibarchi ist trotz des verschiedenen Namens Leo's Bruder. Der Heilige hatte eine harte Arbeit zu bestehen, bis er seinen Bruder zum Heiland

befehrte. Als aber Paulus Glück in der Kirche gefun=
ben, führte er sogleich auch Frau und Kinder in die=
selbe, nahm wie Leo das Tertiarierkleid und bestand
siegreich alle Versuchungen. Als Katechist und Beglei=
ter der Patres kannte sein Eifer keine Grenzen und
es gelang ihm Viele zu bekehren.

Franciscus, der Arzt, hat auf dem Schlacht=
feld von Christen, deren Wunden er verband, von Chri=
stus Kunde erhalten. In Meaco bekehrte ihn ein Vor=
trag P. Ribadeneira's. Nach der Taufe theilte er sein
Glück auch seiner Frau mit, die bald eine der frömm=
sten Frauen der Gemeinde wurde. Franciscus selbst
wurde ein eifriger Apostel im Reiche Taicosama's.
Stundenlang weinte er über das Leiden des Herrn;
im Spital wusch und pflegte er am liebsten die Aus=
sätzigen, in der Schule unterrichtete er die Kinder auch
in den Künsten des Landes. Er übersetzte Andachts=
bücher in's Japanische und schrieb polemische Abhand=
lungen. Kein Augenblick, in dem er nicht für die Re=
ligion thätig war, für die er freudig sein Leben da=
hingab.

Bonaventura von Meaco war der Sohn aus
gemischter Ehe. Wohl brachte es der christliche Vater
dahin, daß er getauft wurde, er wandte auch allen
Ernst an, um den Sohn vor Irrthümern zu schützen.
Dieser folgte indeß dennoch der heidnischen Mutter,
wurde Bonze und diente als solcher 20 Jahre den fal=
schen Göttern. Als die Franciscaner nach Meaco ka=
men, erinnerten sie ihn an seine Apostasie. Das Wort
Gottes traf den Renegaten wie ein zweischneidiges

Schwert und reuig ging er in sich. Das Haupt mit
Asche bestreut, den Leib in einen Sack gehüllt, einen
groben Strick um den Hals schwor er in der Kirche
„Maria zu den Engeln" alle heidnischen Irrthümer ab
und bat demüthig um die Aufnahme in die seraphische
Familie. Sie wurde ihm gewährt. Von nun an wich
er nicht mehr von der Seite der Missionäre; wo er
nur konnte, diente er ihnen, besonders war er als
Katechist thätig.

Vor P. Gonsalvo Garcia stand eines Tages ein
anmuthiger, herzgewinnender Jüngling, Gabriel von
Duizco, Page am Hofe des Statthalters. Der Pater, den Jüngling ansehend, fing plötzlich zu weinen an.
„Warum weinst du, Vater?" fragte Gabriel verwun-
dert. „Sohn! ich weine über dich," erwiederte Gonsalvo,
„weil du auf traurigen Irrwegen wandelst und dem
ewigen Verderben entgegen eilest." Und Gonsalvo
sprach immer wärmer, sein Wort nahm zu an Kraft
und Innigkeit, er bat und beschwor, und bald war der
Jüngling überzeugt, daß für seine Seele nur in der
katholischen Kirche Rettung sei, und er wollte auf der
Stelle getauft sein. Zwei Monate trat er indeß mit
seinem Bekenntniß noch nicht offen hervor; dann aber
verließ er die Welt gänzlich, zog sich in den Convent
der Patres zurück und wurde Tertiarier. Muthig allen Lockungen und Drohungen von Eltern und Freunden widerstehend, lebte er ein so vollkommenes Leben,
daß ihn Heiden und Christen den „Heiligen" nannten.
Seine glücklichste Stunde war, als er seinen Vater
bekehrte; doch brannte sein Herz für die Bekehrung von

ganz Japan. Möge sein Blut und seine mächtige Fürbitte es erwirken, daß dieser Wunsch, den auch jetzt wieder Tausende hegen, in unserer Zeit in Erfüllung gehen möge.

Thomas Ibanqui scheint ebenfalls seinen ersten Glaubenseifer verloren zu haben und erst durch das Wirken der armen Franciscaner auf seine Pflichten wieder aufmerksam geworden zu sein. Leo Garasuma hat auch zu seiner Bekehrung viel beigetragen. Diente früher seine Wohnung Dieben zum Schlupfwinkel, so wußte er, mit Gott versöhnt, sein Haus bald zu heiligen durch Unterricht der Kleinen und Krankenpflege. Er hat auf der Insel Niphon sich als Katechist ausgezeichnet.

Cosimo Taquya aus Ovari, von vornehmem Geschlechte, trug ansehnlich zum Hospitalbau in Meaco bei, bekehrte viele Heiden und brachte der Kirche sein 10jähriges Söhnchen Marimus, das später ebenfalls muthig den Heldentod für Christus starb, als Oblaten dar.

Joachim Saquiye trat mit Erlaubniß seiner frommen Braut in den Franciscanerorden, und lebte ein heiliges Leben.

Johannes Quizuya von Meaco hatte auch als Heide so weit als möglich einen rechtlichen Sinn bewahrt. Eines Tages kam ein Christ in sein Haus und frug, wie es doch komme, daß er nicht dem Heiland folge, der ihn so lange suche, schon seien die Franciscaner drei Jahre im Lande und hätten so Viele bekehrt. Das Dogma von dem ewigen Leben gefiel

4 *

Quizuya am meisten, so daß er sich, um dieser Selig=
keit theilhaftig zu werden, taufen ließ, auch seine Frau
und seinen Sohn bekehrte und wenige Monate nach
der Bekehrung bereits den Martertod starb.

Von Matthias von Meaco, der im Augenblick
der Gefangennehmung in wunderbarer Weise, wie er=
zählt, unter die Todesopfer eingereiht wurde, wissen
wir nur, daß er schon ein eifriger Christ war, als die
Franciscaner sich in seiner Vaterstadt niederließen.
Unter ihrer Leitung nahm seine Liebe zu Gott und
die practische Frömmigkeit von Tag zu Tag zu.

Mit heiliger Freude bleiben wir stehen vor den
drei jugendlichen Bekennern: Anton von Nanga=
saki, Ludwig Ibarchi und Thomas Cosaqui.
Was die Heiligen Vitus, Agnes und Pankratius für
die Kirche der Katakomben, sind sie für die Kirche Ja=
pans, die lieblichsten Blüthen im Garten Gottes, von
übernatürlicher Schönheit. Engel auf Erden haben sie
das Lilienkleid ihrer Unschuld mit dem Purpur des
Blutes getränkt und folgen nun in ewiger Anbetung
dem Lamme, wohin es geht. Anton, von armen christ=
lichen Eltern in Nangasaki stammend, wird früh schon
ein Wunder der Gnade des Herrn. Kaum ist der
Franciscanerconvent in seiner Vaterstadt errichtet und
die neue Kirche vollendet, so wird er nicht müde, da=
hin zu eilen. Stundenlang kniet er anbetend vor dem
Sanctissimum. An dem Bild der Himmelskönigin bleibt
sein Auge unverrückt haften; ihr als seiner Mutter hat
er sich gänzlich geweiht. Bruder Hieronymus von Jesu,
dem die Zeichen der Auserwählung nicht entgingen,

bat die Eltern Antons, das Kind dem Orden anzu=
vertrauen. Die Eltern, wohl wissend, daß in solcher
Gesellschaft ihr Sohn nur heilig werden könne, ge=
währten freudig die Bitte. So wächst der Knabe
heran, ein Wohlgeruch vor Gott, bis in sein zehntes
Jahr, als es dem Herrn gefällt, durch seinen Marter=
tod sich zu verherrlichen.

Ludwig Ibarchi hatte heidnische Eltern in Ovari
gehabt. Als sie mit ihm, er zählte acht Jahre, nach
Meaco übersiedelten, kam er in die Obhut seiner heili=
gen Onkel Leo Garasuma und Paul Suzuqui. Diese
pflanzten die Liebe zu Jesus und Maria in die reine
Kindesseele. Er wurde wohl bereitet, um bald ein
Engel des Paradieses zu sein. Ludwig diente dem hl.
Petrus Baptista am Altar mit jener glühenden Andacht
und Heiligkeit, welche so oft gewürdigt wird, den Hei=
land sichtbar zu schauen. Von nun war auch das Ge=
bet und die Verherrlichung Gottes die einzige Beschäf=
tigung Ludwigs. Seine Artigkeit, seine liebliche Be=
scheidenheit, sein Seligkeit verbreitendes heiteres Wesen
kam mehr vom hl. Geist und dem lebendigen Glauben
als von der Erziehung. Dürfen wir uns wundern,
wenn er, elf Jahre zählend, sein Leben mit einer Un=
erschrockenheit für den Heiland dahingab, die selbst die
Henker in Erstaunen versetzte?

Der hl. Thomas Cosaqui ist der dritte englische
Jüngling in der Siegerschaar. Er ist der Sohn des
Michael Cosaqui von Iro. Als sein Vater katholisch
geworden, wurde auch er, zwei Jahre alt, wiedergebo=
ren im Wasser des Lebens. Mit elf Jahren sah Tho=

maß den Convent in Meaco erbauen und half wohl
selbst bei, so weit es seine Kräfte erlaubten. Er bat
seinen Vater, im Convent der Brüder bleiben zu dür=
fen, denn das Leben mit ihnen war ihm bereits über
Alles theuer geworden. Der Vater sagte zu. Als er
den Sohn, dem Herrn ihn opfernd, dem Petrus Baptista
vorführte, sprach er weißsagend die Worte: „Vater, ich
überbringe Euch einen Martyrer Christi." Gott nahm
das Opfer, wie das Abrahams, an. Petrus Baptista
jubelte und dankte dem Herrn, der ihm ein so herrli=
ches Geschenk gemacht hatte. Er nahm den Knaben mit
Vaterliebe auf, bekleidete ihn mit dem Kleid der Tertia=
rier und übergab ihn dem Bruder Marcellus von Riba=
beneira zur Erziehung. Bald hatte Thomas solche Fort=
schritte im Lesen und Schreiben und im Katechismus
gemacht, daß er als Katechist bei den Kleinen in der
Franciscanerkirche zu Meaco verwendet werden konnte.
Sein feuriges Wort machte auf die Kinder der Christen
wie der Heiden einen außerordentlichen Eindruck. Nie=
mand war, der in sich die Liebe zu Gott nicht wachsen
fühlte, wenn er den kleinen Thomas stundenlang auf
den Knieen vor dem heiligsten Sacramente liegen sah.
Seine Liebe zur hl. Jungfrau war so innig, daß man
glauben mochte, sie sei nicht irdisch, sondern als Cha=
risma ihm vom Himmel gesendet. So lebte Thomas
ein reines, heiliges, unbeflecktes Leben, bis er reif wurde
für den Himmel.

Diese drei Kinder werden allezeit als liebliche Vor=
bilder der Kinderwelt von den Lehrern vorgestellt wer=
den. Sie sind die Patrone Aller, die am Altar dienen,

und werden gewiß ihre Fürbitte keinem Ministranten versagen.

Gott der Herr, der in diesen drei Kindern seine eigne Verherrlichung suchte, der die drei Jesuiten, dem Willen der weltlichen Machthaber entgegen, zum Martyrium berief, um die Verdienste des Ordens auch in diesem äußersten Lande zu Ausgang des Jahrhunderts zu krönen, der dem einen Mathias die Palme verweigerte, und dem andern, der sie nicht erwartete, gab, er hat auch den Filippo de las Casas in die Zahl dieser Heiligen aufgenommen. Filippo war, wie die Menschen zu sagen pflegen, zufällig mit der gestrandeten spanischen Galeone an die Küste Japans geworfen worden. Er hatte sich nie um Japan Verdienste erworben, nie da geprebigt, nicht einmal das Land vor dem Schiffbruch gesehen. Er wollte auch gar nicht nach Japan, sondern war am 12. Juli 1596 von Neu-Spanien abgesegelt, um nach Merico zu seinen Eltern auf Besuch zu kommen. Auch zählte er nur 26 Jahre und war erst seit vier Jahren ein aufrichtiger Freund Christi. Und dennoch wird er zum Martyrium berufen. Unbegreiflich sind Gottes Rathschlüsse und unerforschlich seine Wege!

Filippo war der Sohn adeliger spanischer Eltern von Merico. Bei seiner äußerst lebhaften Natur liebte er Zerstreuung und Vergnügen mehr als gut war; doch behielt er immer eine gewisse Herzensgüte. Eines Tages — er zählte 15 Jahre — sagte er zu seiner Mutter, er wolle Franciscaner werden. Die Mutter verlachte ihn dafür, denn sie kannte sein Naturell.

Aber es schien doch Ernst; nach 1589 trat er bei den Observanten ein, hielt es aber nicht lange aus, kehrte in die Welt zurück und hing den alten Thorheiten nach. Da wurde er nach Manilla geschickt, um die Handelschaft zu erlernen. Hier blieb er zwei Jahre, so lange der Vater Gelder sandte. Als diese ausblieben, auch seine Freunde ihn verließen, ging Filippo in sich wie der verlorne Sohn, verachtete die Eitelkeit der Welt und bat im Franciscaner-Convent in Manilla auf's Neue um Aufnahme, die er erhielt. Am 20. Mai 1591, nach einjährigem Noviziat, legte er die Gelübde ab, er war 20 Jahre alt. Er übte Buße wie ein hl. Augustinus. Sein Gehorsam, seine Nächstenliebe, seine Demuth erbaute Alle: sie nannten ihn nur den heiligen Jüngling. Als seine Eltern von seiner Bekehrung vernahmen, wünschten sie sehnlichst ihren Sohn wieder zu sehen und wandten sich an den P. General-Commissär von Neu-Spanien. Er sandte den Heiligen mit der Galeone St. Philipp ab. Als diese gestrandet, im Hafen von Tosa am 20. October 1596 eingelaufen, begab sich Filippo mit einigen Reisenden nach Meaco, um sich unter den Gehorsam des Petrus Baptista zu stellen, der jetzt sein rechtmäßiger Oberer war. Er traf den Heiligen schon in Osaca, ging mit ihm nach Meaco, wo er die wenigen Wochen bis zur Gefangennehmung in frommen Werken verlebte. Ihn, der das Martyrium nicht gesucht hatte, erwählte der Ewige, dem Johannes von Zamora verweigerte er die Palme, die dieser so sehnlich verlangte. Johannes war schon früher in Japan gewesen. Von Petrus auf die Phi-

lippinen zurückgesendet, kam er nun wieder zurück.
Hatte er demnach nicht Anspruch auf die Ehre, in und
für Japan sein Blut vergießen zu dürfen? Und wie
sehnte er sich darnach! Er suchte den Tod aller Orten
und überall floh dieser vor ihm. Furchtlos durcheilt
er ganz Japan, mitten in der Verfolgung, aber kein
Häscher wird gegen ihn ausgeschickt. Wohl nimmt
man ihn zu Osaca gefangen, aber er gilt nicht als
Missionär, weil ihn die Galeone gebracht hat. Wie
der Hirsch nach den Wasserquellen sich sehnt, so sehnt
sich Zamora nach Vereinigung mit der dem Tod geweihten Schaar; wie der Bräutigam nach der Braut
verlangt, so geht all' sein Verlangen dahin, das Kreuz
zu umarmen. Er wendet List an, um den 24 sich bei-
zugesellen, — vergeblich. Er beschwört Fazamburo,
ihn doch auch mit kreuzigen zu lassen; der Blutrichter
erwiederte, er wollte lieber alle befreit wissen. Endlich
wird Johannes, weil sein liebender Ungestüm den Hen-
kern lästig fällt, mit gebundenen Händen zu den Spaniern geführt und bewacht bis zur Einschiffung der
Schiffbrüchigen nach den Philippinen. — Gewiß hat
der ewige Richter dieß martyrium flaminis des großen
prophetischen Mannes mit unermeßlicher Glorie belohnt. —

Dieß sind die hl. Bekenner Christi, von Suquezico
und Fahelante wird unten gesprochen. Begleiten wir
sie nun den langen schmerzensvollen Kreuzweg mehr
als hundert — nach Einigen dreihundert — Meilen
durch Japan bis auf die Höhe von Nangasaki hinan.

4**

Am 3. Januar 1597 nahm der blutige Triumph unserer Heiligen seinen Anfang. Es war ein Freitag. Sie wurden, die Hände auf den Rücken gebunden, durch die größten Straßen Meaco's geführt. Auf dem Platz vor einem Götzentempel wurde jedem ein Theil des linken Ohres abgeschnitten. Obwohl der Tyrann befohlen hatte, die Nase und beide Ohren zu verstümmeln, ließ der Statthalter von Meaco den Befehl doch nicht vollziehen, immer noch in der Hoffnung, die ehrwürdigen Männer retten zu können; auch wagte es einer der Großen, den Kaiser aufmerksam zu machen, daß man fremde Religiosen, die in der Eigenschaft von Gesandten des mächtigsten Reiches im Westen gekommen seien, nicht so entsetzlich verstümmeln dürfe. Die Martyrer — nun sind sie es bereits — lobten Gott, der sie würdigte, am Freitag ihr erstes Blut für ihn vergießen zu dürfen. Der dreizehnjährige Thomas Cosaqui nahm das abgeschnittene Stück seines Ohres, zeigte es dem Henker und sprach: „Schneide nur so viel du willst, schneide auch etwas tiefer an die Wurzel hin und sättige dich an Christenblut!" Wer denkt nicht hier an das zermalmende Wort, das St. Laurentius vom glühenden Rost aus zum Henker hinaufsprach?

Als diese schimpfliche Execution zu Ende war, hießen die Soldaten die Martyrer zu drei und drei auf acht Karren steigen, die nach japanischer Sitte von Ochsen gezogen wurden. Auf diesen wurden sie durch die Straßen Meaco's weiter geführt; dieß gilt in Japan als eine Schmach, der gegenüber der Tod noch

wünschenswerth erscheint. Vor ihnen her schritt ein
Gerichtsbote mit einem Schild, darauf ein Streifen
befestigt war, welcher das ausführliche Todesurtheil
eingeschrieben hatte. Man hatte den Martyrern kein
Tuch gereicht, um ihre Wunden zu bedecken, auch waren ihre Hände gebunden. Daher träufelte das Blut
reichlich hernieder. Auf dem ersten Wagen gewahrte
man die imponirende Gestalt des Petrus Baptista.
Er, als der Führer der heiligen Schaar, hat sein Antlitz, das leuchtet von himmlischer Freude, gegen seine
Brüder gewendet; von seiner Brust glänzt das Kreuz,
welches er von der Kirche der Mutter Gottes mitgenommen hat. Er predigt bald spanisch, bald italienisch,
um die Christen zu trösten und zu stärken. Denn zahlreich waren sie herbeigeeilt, nicht bloß sie, auch die
Heiden. Auf den Straßen wogten solche Menschen-
massen, daß die Schergen Mühe hatten, Platz zu schaffen, alle Fenster waren besetzt, selbst die Dächer wurden von den Neugierigsten erstiegen. Die heidnischen
Bürger hatten Asche auf die Straße gestreut, was sonst
nur bei Triumphzügen des Kaisers zu geschehen pflegte.
Die Christen aber trockneten mit ihren Tüchern das Blut
auf, das von den Wunden der Martyrer niederträufelte.
Viele trugen ihre Medaillen am Halse, damit man sie
ja als Christen erkennen sollte, andere drängten sich
nahe an die Karren, um mit ihren Vätern zu sterben,
einige Männer, Frauen und Jünglinge warfen sich in
die Straße, daß die Räder über sie hingehen sollten;
— mit Mühe konnten die Soldaten durch Stock-
schläge sie zum Aufstehen zwingen. Die Lüfte aber

wiederhallten von dem Rufe: „Martyrium, Martyrium!
zum Himmel! zum Himmel!" Die Martyrer auf den
Karren jubelten, wie sich's für einen Triumphzug schickt.
Die einen lobpriesen Gott, die andern flehten um Barmherzigkeit für die Verfolger und um die Bekehrung
Japans, andere beteten, daß die Christen ihren Brüdern standhaft bleiben möchten.

So verlief die erste Procession der Martyrer. Kaum
von den Karren gestiegen, brachten sie sich gegenseitig
süße Glückwünsche dar, daß sie um Jesu willen diese
Schmach vor den Menschen erdulden durften; sie empfahlen sich in's Gebet, um Stärke und Ausdauer zu
erlangen. Paulus Michi, der Jesuit, umarmte die
Franciscanerväter und dankte ihnen für die gute Be-
gleitung. Die Wächter vermochten diese Freude nicht
zu fassen.

In den Kerker zurückgekehrt, stärkte Petrus die
Brüder mit himmlischen Worten. Er sprach vom königlichen Weg des Kreuzes. Die ganze Nacht wachten
die heiligen Martyrer und ermunterten sich einander,
auszuharren bis an's Ende und das Opfer des Lebens, das bereits begonnen, nun im Vollmaß dem
Ewigen darzubringen. Den folgenden Tag wurden
sie nach Osaca geführt. Diese Stadt liegt nur acht
Meilen von Meaco entfernt. Wieder ist die Straße
mit Menschen bedeckt; die Heiden kamen aus Neugierde,
die Christen, um zum letzten Mal das Antlitz ihrer Väter zu schauen. Da erhielt Cosimo Joya, der vielge-
treue Alte, von Petrus Baptista den letzten Segen
und zugleich das mit Blut überronnene Crucifix. In

Osaca führen die Henker sie abermals durch die Straßen. Schon murrt das Heidenvolk über diese Unge-
rechtigkeit; aber der Tyrann und Jacuin sind noch
nicht zufrieden. Die Martyrer müssen auch nach Nangasaki geführt werden, welches einige hundert Meilen
von Osaca entlegen ist. Ganz Japan soll unter dieser Execution erzittern und allen Unterthanen sollte ein
für allemal die Lust vergehen, die Taufe zu empfangen und Mönche zu beherbergen. So führte man die
Martyrer im Laufe des Januars durch Sacai, Jugi-
men, Firengo, Kasci und Fimga. Auf diesem Marter-
zug ward ihre Liebe geläutert, ihr Glaube erprobt,
da mußte ihr Vertrauen den höchsten Grad erreichen.
Von Schmach und Schimpf von den Menschen umgeben, den sichern Kreuzestod vor Augen, allem Unwet-
ter des ungastlichen Winters und tausendfachem Ungemach ausgesetzt: solch' ein Todesgang, fast einzig in
der Geschichte der Heiligen, ist allein im Stande, Heilige zu bilden. Sehr menschlich, einfach, gewöhnlich
und unbedeutend fanden wir das Leben Mancher von
ihnen; jetzt aber erscheinen uns Alle als Helden, alle
ausgerüstet mit übernatürlicher Kraft. Wer von uns
hätte wohl wie sie die fürchterliche Probe bestanden?
Der Kreuzesweg nach Nangasaki ist für die ganze Christenheit ein Gegenstand fruchtbarer Meditation geworden; indem wir im Geist die Heiligen begleiten, wächst
der Glaubensmuth in uns. Diese Processionen durch
die Städte Japans hat in Rom am 8. Juni jene
Procession von 300 infulirten Prälaten und Kirchenfürsten hervorgerufen, so unbeschreiblich prachtvoll, wie

die Welt noch wenige gesehen und sobald auch nicht
wieder eine sehen wird.

Auf dem Weg nach Nangasaki wurde die Zahl der
Martyrer, 26, voll. Unter den Christen, welche ihnen
auf dem Wege folgten und sie, so weit die Wächter
es erlaubten, mit Allem unterstützten, thaten sich Franz
Fahelante und Peter Suquezico durch rührende
Treue besonders hervor. Der erste war ein Schuh=
macher, der zweite scheint mit Holzhandel beschäftigt
gewesen zu sein, beide gehörten der seraphischen Fa=
milie an und hatten an guten Werken ihre Freude.
Sie zeigten einen solchen Eifer, ihren Brüdern beizu=
stehen, daß sie gefangen gesetzt und mit der Schaar
der zum Kreuzestod Verurtheilten vereinigt wurden. Sie
kamen zur elften Stunde und wurden mit gleicher Ehre
gekrönt. Der Herr läßt kein gutes Werk unbelohnt, nicht
den Trunk Wassers, den du dem Durstigen reichest.

Da wuchs der Muth, da stieg die Begeisterung
bei den Christen durch ganz Japan durch alle Kreise
der Gesellschaft. Und die Absichten des thörichten Tai=
cosama wurden gänzlich vereitelt, wie dieß die klügeren
Bonzen schon vorausgesehen hatten. Der Anblick der
Martyrer hatte die Christen wunderbar gestärkt. Auch
die feurigen Briefe, die sie an ihre Eltern und Ange=
hörigen und an die Bekehrten schrieben, zündeten in den
weitesten Kreisen. Fürst Justus Ucondono und andere
Großen drückten laut ihren brennenden Wunsch aus,
für den Heiland zu sterben; die beiden Söhne und
der Neffe des Statthalters von Meaco, Säulen für
die Kirche Japans, erfüllten durch ihren Muth Alle

mit Bewunderung; sie bereiteten sich vor, mit den Religiosen in den Tod zu gehen. Nichts hielt die edlen Frauen ab, ihre Medaillen und Rosenkränze zu tragen, und ihren Glauben zu bekennen; Grazin, die heilige Fürstin von Tungo, wollte mit ihren Hofdamen auf dem Schauplaß der Marter sich einfinden. Die Christen von Facata erklärten, daß sie bereit seien, ihr Leben dahinzugeben, aber nie durch ein äußeres Zeichen sich als Gößendiener bekennen würden. Als der Herr von Noza verlangte, die dortigen Christen sollten ihrem Glauben absagen, bereitete sich jeder ein Kreuz, mit dem Vorsaße, es vor den Richter zu bringen und darauf sich tödten zu lassen. Dieselbe Energie zeigte sich bei den kunstfertigen Christen von Tacacaqui, bei denen im Reich Boari und um Meaco. Die Kinder von acht bis zwölf Jahren erklärten mit Entschiedenheit, für Jesus sich kreuzigen lassen zu wollen. Die zwei Töchter des ehrwürdigen Cosimo Joya, Isabella und Magdalena, weinten unaufhörlich mit ihrer heldenmüthigen Mutter, weil sie nicht den Martyrern zum Kreuzestode folgen durften. Sie hätten so gerne wie die Frauen am Kalvarienberge auch unter dem Kreuze ihres Meisters Petrus Baptista gestanden, und wahrhaftig sie verdienten auch diese Gnade.

Wie in Japan vor 265 Jahren, haben die hl. Martyrer auch in unsern Tagen eine unerhörte Begeisterung hervorgerufen, die Geister mächtig zur Entscheidung gedrängt und die Weltfamilie der Katholiken zu Rom auf das Innigste verbunden.

Die Martyrer Christi kamen am 31. Januar in Facata an, wo sie von den Heiden mit Freundlichkeit aufgenommen wurden; am 1. Februar gelangten sie nach Caraza, drei Meilen von Nangoia, wo Fazamburo mit seinen Soldaten sie erwartete. Um ihr Verdienst zu mehren, wollten sie vom Lande Figen an den Weg zu Fuß machen. Als sie am 4. Februar durch schmutzige, rauhe Wege nach Sinoncho, ungefähr neun Meilen von Nangasaki, gegangen waren, fanden sie die Jesuitenpatres Franz Pasio und Johannes Rodriguez, die vom Provinzial geschickt waren, ihnen die hl. Sacramente zu reichen. Nur nach äußerster Anstrengung konnte Rodriguez zu ihnen kommen, sie begrüßen und umarmen. Gegen Abend stiegen die Martyrer mit gebundenen Händen in ein Schiff, das sie rasch nach Tonchizu, drei Meilen von Nangasaki, führte; sie brachten einen großen Theil der Nacht auf dem Verdecke zu. Am 5. Februar früh Morgens sahen sie die Stadt; P. Rodriguez kam ihnen entgegen und brachte die Nachricht, daß sie in wenigen Stunden sterben würden.

Fazamburo hatte 50 Kreuze in Nangasaki bereiten lassen. Nun glaubten die Christen der Stadt, es würden auch aus ihnen mehrere mitgekreuzigt werden. Welche werden die Auserwählten sein? frugen sie sich. Wem wird das Glück zu Theil, mit den Vätern zu sterben? Jeder hätte freudig sein Leben für den Heiland gegeben.

Die drei engelgleichen Knaben: Thomas, Anton und Ludwig, wie unschuldige Lämmer zur Schlacht=

bank geführt, erregten das Mitleid der Heiden. Schien doch ihr zartes Alter mehr für heiteres Kinderspiel geeignet, als für blutiges Bekenntniß am Kreuze. Fazamburo war von dem elfjährigen Ludwig so gerührt, daß er versprach, ihn loszukaufen, wenn er in seinen Dienst treten wolle. Ludwig antwortete: er stimme damit ein, wenn P. Petrus es für gut fände. Der Pater erwiederte, er dürfe den Antrag annehmen, sofern er Christ bleiben könne. Als aber der Richter erwiederte, er müßte in seinem Dienste durchaus dem katholischen Glauben absagen, rief das Heldenkind aus: „Um diesen Preis will ich nicht leben, würde ich doch durch ein kurzes urd elendes Dasein die ewige Seligkeit verlieren!"

Am 5. Februar Morgens erhielten Johannes von Goto und Jacob Chisai das Kleid des hl. Ignatius und legten die Gelübde ab, um sie sogleich mit ihrem Blute zu besiegeln. Chisai's alter Vater war herbeigeeilt, um seinen Sohn zum letzten Mal zu umarmen. Vater und Sohn vergossen keine Thränen und verloren kein Wort des Schmerzes, weder hier noch unter dem Kreuze, wo sie sich wieder begegneten. Der Sohn stellte allein die Bitte an den Vater, er möchte nie Gott beleidigen, und der Vater bat den Sohn, den 19jährigen, bis an's Ende mit jener freudigen Standhaftigkeit zu leiden, welche den Freunden und Streitern Christi im Tode geziemt. „Deine Mutter und ich, wir beneiden dich, Sohn! auch wir würden gerne Blut und Leben geben!"

Fazamburo, der immer und gegen Jedermann sein

Bedauern ausſprach, die Erecution leiten zu müſſen, ließ ſich mehrfach beeinfluſſen. Erſt hatte er eine Woh= nung für die 26 Martyrer in der Stadt Nangaſaki herrichten laſſen, damit ſie darin bis zur Kreuzigung bewacht würden; bald aber beſchlich ihn Furcht vor den Bürgern, unter denen ſich ſo viele Chriſten be= fanden. Um Zuſammenrottungen zu vermeiden, ließ er die Martyrer gar nicht in die Stadt kommen, ſon= dern befahl, ſie ſofort am Morgen ihrer Ankunft zu kreuzigen. Auch ſeinen Befehl, die Kreuze auf der ge= wöhnlichen Richtſtätte aufzurichten, nahm er auf die dringenden Bitten der anweſenden Portugieſen und anderer Chriſten der Stadt zurück, da dieſe über dem Schauplatz ihres Sieges eine Kirche der Mutter Gottes zu den Martyrern bauen wollten. Vollends mißlang ihm dann der Verſuch, durch Beſchleunigung der Exe= cution und durch ihre Verheimlichung die Bewohner Nangaſakis abzuhalten, zu erſcheinen. Weil die Kreuze in der Stadt waren gezimmert worden, ſprach Jeder= mann von den Martyrern; auch wußten die Spanier von der geſtrandeten Galeone genau die Stunde ihrer Ankunft. Als nun noch der ſtrenge Befehl am Mor= gen des 5. Februar ausgegeben ward, daß Niemand die Stadt verlaſſen ſollte, wußte Jedermann, die Stunde der Marter ſei gekommen, und Heiden wie Chriſten ſtrömten auf den Schauplatz hinaus.

Um 9 Uhr Vormittags ſollten die Heiligen an der Richtſtätte ſein. Die wenigen Augenblicke von ihrer Ankunft bis zu dieſer Stunde benützten ſie, um ſich vollends zum Tode zu bereiten. P. Paſio hörte die Beichte seiner drei Mitbrüder, **P.** Rodriguez nahm die Beichte einiger der Uebrigen entgegen. Die Brüder beteten den Rosenkranz und empfahlen sich der Königin der Martyrer. Der Bischof von Japan schickte durch eine dritte Person seinen Segen, eine Gnade, für die Petrus Baptista den innigsten Dank zurückmelden ließ und um Verzeihung bat, wenn er irgendwie sich gegen den hochwürdigsten Herrn verfehlt haben sollte. Gleichzeitig langten auch die Portugiesen mit kräftigen Speisen an, um sie zu stärken; doch versagten sich die Martyrer diesen Genuß und theilten die Speisen unter die Häscher und Henker aus, dankend, daß sie ihnen die Thore des Himmels eröffneten.

Unterdessen waren auf dem neuen Calvarienhügel vor der Stadt die 26 Kreuze zurechtgelegt worden, die Lanzen standen bereit, die Henker warteten auf die Opfer. Zwei Fähnlein Soldaten bildeten einen dichten Kreis um die Richtstätte, so daß zwischen den Zuschauern und den Kreuzen ein Raum von zehn Schritten blieb. Die japanischen Kreuze haben einen Querbalken, um die Arme zu befestigen, und ein Suppedaneum, auf welchem die Füße aufliegen. Hände und Füße werden nicht angenagelt, sondern mittelst Stricken und eiserner Schellen an die Balken befestigt. Der Tod wird durch zwei Lanzenstiche beigebracht; die Lanzen durchbohren die Brust, zerreißen Herz und Lunge und dringen hinter dem Schulterblatt heraus.

Drei Stunden vor Mittag langten die Heiligen auf dem Kreuzigungshügel an. Die Hände auf den Rücken gebunden, einen Strick um den Hals, schritten sie einher zu zwei und zwei; erst kamen die beiden Knaben Anton und Ludwig, das Antlitz in himmlischer Schönheit verklärt, dann folgten betend die hl. Führer Petrus Baptista und Martin d'Aguirre und nach ihnen die andern: Jesuiten, Franciscaner und Tertiarier. Sie traten in den weiten Kreis, den die Soldaten umstanden. Die heiligsten Gefühle bewegten ihre Herzen. Petrus und Martin fallen auf die Kniee, erheben Augen und Hände zum Himmel und stimmen den Psalm an: Benedictus Dominus Deus Israel. Die Martyrer alle und die fernerstehenden Christen stimmen ein und singen den Lobgesang mit. Der kleine Ludwig fragt den Schergen, wo er sein Kreuz zurechtgerichtet; kaum hat er es gefunden, umarmt er es zärtlich, küßt es und legt sich darauf. Wie hatte er geweint, als die Häscher in Meaco seinen Namen nicht notiren wollten, und wie jubelte er jetzt, da sein höchster Wunsch in Erfüllung geht. Thomas, der liebliche Jüngling, schmiegt sich, da Fazamburo auch ihn vom Tode retten will, an seinen Vater, den hl. Michael, und spricht: „Mein Loos ist gebunden an das meines Vaters; er gab mir dieß irdische Leben, es ist billig, daß ich mit ihm in's ewige Leben eingehe." Noch heldenmüthiger widerstand Anton einer viel mächtigeren Versuchung. Seine Eltern waren herbeigeeilt, ihn zu befreien. Sie wandten alle Mittel an, Bitten, Klagen, Thränen: vergeblich; der hl. Geist sprach aus dem Kinde mit so wunderbarer Kraft, daß die Eltern zuletzt sich glücklich schätzten, den Sohn für Christum sterben zu sehen.

Die Martyrer alle begrüßten wie St. Andreas das Kreuz mit den schönsten, lieblichsten Worten. Sie nahmen Abschied von einander in letzter herzlicher Umarmung, sagten sich das letzte Lebewohl für die wenigen Augenblicke, die sie noch auf Erden zu leben hätten und ermunterten sich zur Standhaftigkeit; dann warfen sie sich alle nieder vor Petrus Baptista, als ihrem Haupt und Führer, und nahmen seinen Segen in Empfang. Petrus bat sich die Gnade aus, als der letzte den Todesstoß zu erhalten, um seine Brüder und Kinder stärken zu können. Die Behendigkeit, mit welcher er sich auf sein Kreuz schmiegte, setzte alle Zuschauer und selbst die Henker in Erstaunen. Als er seine Rechte darbot, damit sie mit dem Eisenring sollte befestigt werden, deutete er mit der Linken auf die Mitte der Handfläche und sagte: „Hier, mein Bruder, ich bitte dich, schlag' einen Nagel durch." Aber er konnte es nicht erlangen, wie sein Heiland zu sterben. Die Martyrer waren sehr rasch an die Kreuze geschraubt, ebenso schnell waren diese aufgerichtet und in die Erde befestigt. Jedes Kreuz, drei Schritte von dem andern entfernt, trug den Namen des Martyrers; das Antlitz schaute gegen Nangasaki. In der Mitte wurden gekreuzigt die Franciscaner, zu ihrer Rechten zehn Japanesen, zu ihrer Linken drei Jesuiten mit sieben andern Japanesen. Die Portugiesen hatten diese Anordnung durchgesetzt.

Die Kreuze sind erhöht. Da schallt eine Stimme zum zwölfjährigen Anton hinauf: „nun wirst du bald im Paradiese sein!" Der Knabe bewegte Hände und

Füße, zitternd in heiligem Jubel, so daß ihn Alle bewunderten. Die Priester predigten, Andere dankten und sangen das Gloria Patri, während Einige nur die Namen Jesus und Maria aussprachen und ihre Seele dem Herrn empfahlen. Vier Häscher erheben ihre hohen Lanzen. Tiefes Seufzen geht durch die große Versammlung; die Martyrer rufen Jesus, Maria! Filippo de las Casas konnte seinen Fuß nicht auf das zu kleine Suppedaneum setzen, so daß sein Körper herabsank und die Eisenringe ihm das Fleisch zerrissen. Da befahl der Richter, ihm das Herz zu durchstoßen; dreimal traf ihn die Lanze. So wurde er der erste Martyrer. Er, der zuletzt in den Weinberg kam, empfing zuerst den Lohn. Ihm folgte Franciscus Blanco, der nur fünf Monate in Japan gearbeitet hatte. Beim ersten Lanzenstoß glitschte seine Rechte aus dem Eisenring; aber obwohl mit dem Blute bereits sein Leben dahinfloß, steckte er ruhig die Hand wieder in die Schelle, um den letzten Stoß in der Stellung des Gekreuzigten zu empfangen. Das dritte Loos fiel auf P. Martin. Um seine Brüder zu stärken, sang er den Psalm: „Lobet den Herrn alle Völker!" Er erhielt einen so heftigen Stoß, daß die Lanzenspitze brach und in seinem Innern blieb. Der Henker machte schreckliche Versuche, das Stück herauszubringen. Der Heilige sang fort, bis ihn der zweite Stoß traf und sein irdischer Gesang sich mit den ewigen Harmonien der Engel vermischte. Gonsalvo Garcia predigte vom Kreuze noch den Japanesen; bei den Worten: „Herr, gedenke mein" traf ihn der Tod; Franciscus von Pariglia

war ganz in Efstase, als die Henker an ihn heran
kamen.

Schon auf dem Wege nach Nangasaki hatte Petrus
Baptista die Knaben den Psalm gelehrt: „Laudate
pueri Dominum, laudate nomen Domini." Mit
ihren Engelsstimmen hatten sie begonnen; eben waren
sie zum Gloria patri gekommen, als auch sie den
Todesstoß erhielten, ihr letzter Hauch trug noch das
Lob des Dreieinigen.

Petrus segnete jeden Einzelnen im Momente des
Todes; als ihn, den letzten, selbst die erste Lanze durch=
bohrte, segnete er auch den Henker und sprach: „Herr,
in deine Hände empfehle ich meinen Geist" und ging
dann ein in die Freude seines Herrn und vereinigte
seine Siegerschaar mit den Millionen glorreicher Blut=
zeugen vor dem Throne des Allerhöchsten.

So starben diese Helden für den Herrn auf dem
Hügel von Nangasaki am 5. Februar 1597 zwischen
9 und 10 Uhr Morgens.

Fazamburo hatte es nicht bis zum Ende ausge=
halten. Von der Standhaftigkeit der Heiligen erschüt=
tert, gab er den Oberbefehl einem Andern und ließ
seine Thränen fließen. Ein vornehmer Japanese, Christ,
schleuderte weit sein Schwert von sich und sprach: es
ist unwürdig, daß ein Christ ein Schwert führe, wenn
er es nicht gebrauchen kann, um seine Väter und seine
Lehrer zu vertheidigen. Renegaten bekannten laut ihre
Schuld, Tausende von Heiden bekehrten sich und die
Christen des Reiches waren bereitet und gestärkt für
die Zukunft, die noch weitere blutigere Verfolgungen

bringen follte. Sie drängten fich unter die Kreuze und fammelten das Blut in Gefäße oder in Tüchern.

Drei Stunden nach der Kreuzigung lag der Bischof Pietro Martinez auf den Knieen vor den Leibern der Heiligen und dankte dem dreieinigen Gott, daß er die Kirche Japans durch ein fo erhabenes Martyrium verherrlicht hätte. Die zwei Monate hindurch, während welcher die Leiber an den Kreuzen blieben, gefchahen viele Wunder und Zeichen, bis Pietro Gomez die Reliquien fammelte, fie erft nach Nangafaki, dann die der Franciscaner nach Manila, jene der Jefuiten nach Macao brachte.

Drittes Kapitel.

Am 8. Juni hat Rom der Welt ein Friedensfeft gegeben, welches unberechenbare Folgen in fich fchließt. Es war ein Friedensfeft in großer Majeftät und Ruhe, mitten in einer wilden, fturmdurchtobten Zeit. Zieht's nicht in unfern Tagen wie eine blutig rothe Flamme über den Himmel Europa's hin? Tönt nicht Mordgefchrei durch die ganze Welt? Die Fürften wie die Völker zittern, weil der Boden unter ihnen wankt und verhängnißvolle Gährung alle Kreife ergriffen hat. Nur Rom feiert ein Friedensfeft, gerade die Stadt, gegen welche alle dämonifchen Gewalten losgelaffen fcheinen.

In Nord-Amerika geht eben eine Macht in die Brüche, der die Weltherrfchaft zuzufallen fchien. Der Süden fucht dort den Norden zu erwürgen und alle

Bande sind gelöst, Brunnen werden vergiftet, und in
England bringt der unselige, grauenerregende Bruder-
zwist Tausende dem Tode nahe, die vergeblich mit
Hungertafeln auf Brust und Rücken sich durch die
Straßen schleppen. Blut fließt in Mexico, wo fünfzig
Revolutionen das Volk vollends dem Elend preisge-
geben haben. Nord-Italien, dem durch List und maß-
loses Unrecht augenblicklich die größere Gewalt zu Theil
geworden, brennt und sengt, wüstet und mordet in
Süd-Italien, von dem es nicht anerkannt wird. Grie-
chenland hat mit Mühe eine Empörung, die das Land
in Anarchie stürzen sollte, erstickt; in den Ländern
zwischen Rußland, der Türkei und Oesterreich geschehen
Dinge, welche die Feder nicht beschreiben kann, die
an das Treiben von Kannibalen erinnern. Der feige
Meuchelmord macht die Runde durch Europa und
schleicht tückisch der Reihe nach an alle Machthaber
heran. Eine Rotte, wie der Hölle entstiegen, setzt
Rußland in namenlosen Schrecken, wirft die Brand-
fackel nach Petersburg und Moskau, richtet Millionen
zu Grunde und übt in der Hand der Vorsehung ein
Strafgericht, das seit mehr als einem Jahrhundert
verdient ist. Polen trauert über seine Todten und
sieht neuen Verfolgungen entgegen, wie Irland, ein
Martyrer unter den Nationen. In Preußen wird
mit dem Volk ein Spiel getrieben, so unverantwortlich,
daß, wenn eines Tages die Würfel unglücklich fallen,
die Dynastie den Thron verlieren kann. Wer mag es
ermessen, wie weit die Kriegsfurie in Indien um sich
greifen wird? Während England, das reichste Land

der Welt, seine Arbeiter verhungern sieht und bangt, der Napoleonide möchte ihm Neapel, Sicilien und Sardinien ablauern und den britischen Schiffen den Paß durch's Mittelmeer versperren, während in Portugal und Spanien die Revolutionäre auf's Neue sinnen, die ganze Halbinsel in eine Republik umzugestalten und Frankreich bei aller Gloire krank, recht krank darniederliegt; da schmückt sich Rom, die ewige Stadt, als die allgemeine Metropole und die weltbeherrschende Königin mit dem prächtigsten Schmucke und versammelt alle Völker der Erde, sie zeigt ihnen die Größe des katholischen Kultus in aller Herrlichkeit und bietet in überströmender Freude seine unvergänglichen Schätze. Die vom hl. Geiste gesetzten geistlichen Führer des Volkes Gottes auf Erden ziehen ein in die Hallen von St. Peter, der Vatican thut seine Wunder auf, die goldenen Kammern der Basiliken öffnen sich und alle Künste schließen einen harmonischen Verein, um dem Feste einer Weltfamilie voll Friede und Freude den höchsten Glanz zu verleihen. Die christlichen Völker lernen wieder Rom als ihre Heimath und Mutter recht innig lieben, als die Stadt, die allen Nationen gemeinschaftlich gehört, wo die gemeinsamen Heiligthümer ihre Ehrenwachen aus allen Völkern haben, wo allein noch die Unschuld und Tugend und das verfolgte Recht eine Zuflucht findet, wo sichtbar waltet die Weisheit des hl. Geistes und gleichsam die Engel des Himmels auf- und niedersteigen. Die Schismatiker müssen neuerdings gestehen, daß das Papstthum die Mitte der Weltgeschichte ist. Rom aber jauchzte auf

in heller Freude, da es die unzählbaren Repräsentan=
ten der Völker der Erde erblickte, und diese zogen von
bannen, mit Segen überhäuft, mit neuer Begeisterung
erfüllt und mit einer Liebe für die Kirche, die durch
keine Versuchung gemindert werden kann. Wer das
Pfingstfest 1862 in Rom als gläubiger Christ mitge=
feiert hat, der kann nie mehr in seinem Leben sich
ganz unglücklich fühlen.

Und dieses Weltfest hat ein Wort des hl. Vaters
veranlaßt; es geht vom Papstthum aus. Das Papst=
thum, welches in den ersten drei Jahrhunderten den
Mittelpunkt der Kirche gebildet, welches gebunden und
gelöst, gemahnt, gewarnt und verfügt hat, als das
Christenthum großentheils innerhalb der Grenzen des
Römerreiches sich befand; das Papstthum, welches auch
das Centrum der neuen, aus den Trümmern des Römer=
reiches sich bildenden germanisch=römischen Staaten=
ordnung wurde, ein neues Kaiserthum schuf, die oberste
Leitung der öffentlichen Angelegenheiten Europa's über=
nahm, das Völkerrecht verkündete und beschirmte, zwi=
schen Fürsten und Völkern, die es so haben wollten,
vermittelte und neben dem deutschen Kaiserthum mit
überwiegendem Ansehen die abendländische Christenheit
leitete; dasselbe Papstthum hat in Kraft des ihm inne=
wohnenden hl. Geistes durch Pius IX. auch dieses
Pfingstfest von 1862 hervorgerufen und angeordnet.
Man kann füglich behaupten, daß, seitdem die Nach=
folger Petri durch das große Schisma des XV. Jahr=
hunderts und den Abfall des europäischen Nordens
die universale Machtstellung verloren haben, seitdem

5*

der Papst aufgehört hat, der Mittelpunkt der allgemeinen Politik zu sein, und sich mehr auf das kirchliche Gebiet zurückgezogen hat, dagegen durch Geltendmachung des Territorialsystems die Staatskörper in Vordergrund getreten sind, daß seit dieser Zeit, es sind mehrere hundert Jahre, das Papstthum nie in größerem Glanze, in so allumfassender, höchster Macht sich zeigte, wie beim Pfingstfest 1862. Es bot der Papst mit den Bischöfen der Welt ein majestätisches Schauspiel der Einheit in der Wahrheit, der Macht in der Einheit, der Mäßigung und Sanftmuth in der Macht.

Rom sah in diesen Tagen bei 50,000 Gäste in seinen Mauern; am Feste betheiligten sich 43 Cardinäle, 5 Patriarchen, 53 Erzbischöfe, 195 Bischöfe, im Ganzen an 300 Kirchenfürsten; neben ihnen über 100 Prälaten vom päpstlichen Hofe, und mit dem römischen Klerus an 9000 Priester. Beim lateranensischen Concil unter Innocenz III. sah man wohl mehr Bischöfe, keineswegs aber so zahlreichen Klerus, auch waren damals die neuen Welttheile noch nicht gefunden. Wie der Herzog von Mabbaloni schön bemerkt, war in Rom: il fiore della cattolicità. De omni natione quae sub coelo est — fanden sie sich zusammen; von Rom galt in dieser Zeit das Wort: filii tui de longe venient. Die einen kamen aus Republiken, die andern von den Reichen der unumschränkten Imperatoren, die dritten aus constitutionellen Staaten, denn die Zelte des Gewaltigen in Rom, der da gebietet durch die Macht der Ideen, sind ausgedehnt über beide Hemi-

sphären vom Aufgange bis zum Niedergange. Obwohl
Rom 400 Kirchen besitzt, war es gleichwohl den Geist=
lichen vielfach schwer, beim Celebriren der hl. Messe
anzukommen.

———

Die romanische Völkergruppe der Italiener, Spanier
und Franzosen hat der Zahl nach die meisten Abge=
ordneten zum Feste gesendet. Wenn Italien, wo der
Klerus durch Piemont tyrannisch bedrückt ist und sich
gleich den Klosterleuten in Ehre, Unterhalt und Frei=
heit schmählich verkümmert sieht, etwas zurückblieb, so
hat Frankreich des Guten weit mehr gethan, als man
erwarten durfte. Doch konnte man immerhin 55 ge=
borne Italiener unter den Cardinälen und Bischöfen
bemerken; auch hatten am 22. Juni die zahlreichen
italienischen Priester, die dennoch gekommen, eine Au=
dienz bei dem hl. Vater, in welcher sie im Namen
all' ihrer Amtsbrüder und aller wahren Katholiken
Italiens ihre unbedingteste Ergebenheit an den hl.
Stuhl aussprachen, in einer energischen, schönen Adresse
(welche freilich erst am 2. Juli bekannt gegeben wurde).
Einmüthig versichern sie darin, daß nur äußerst wenige
Priester in Italien den Verrath des Judas gegen
Pius IX. erneuert haben. Wie gering diese Anzahl
sein muß, erkennt man auch dieser Tage daran, daß
Passaglia, der gewissenlos die Namen mehrerer Prie=
ster für seine Zwecke usurpirte, nun von allen Seiten
und vor den Augen der ganzen Welt Lügen gestraft
wird. Wie könnte es auch anders sein? Ehrwürdige

deutsche Bischöfe, die Italien kennen, spenden dem italienischen Pfarrklerus hohes Lob. Bei der großen Verfolgung tritt er treu in die Fußstapfen seiner Oberhirten und leidet freudig für Christus Schmach, Mangel und Verbannung.

Beim Feste selbst, wer erfreute sich nicht an der Gentilezza des römischen Klerus? Die Sicherheit im Auftreten, die edle, einnehmende Manier in allen Bewegungen macht sie würdig, der domina gentium zu dienen. Sie sind den Fremden mit äußerster Artigkeit in Allem entgegengekommen. Die römische Kleidung: der Dreispitz, das einfache Collar, die langen Strümpfe, die Schnallen und das Mäntelchen zum Talar oder zur Sutanelle ist die schönste, die zweckmäßigste von allen, sie ist die Normalkleidung, die freilich in den nördlichen Ländern, um derer willen, die außer der Kirche stehen, vor der Hand noch große Variationen erleiden muß. In Deutschland mag viel Gelehrsamkeit sein, aber in Rom spricht man auch die Kirchensprache vortrefflich, und hier wie in ganz Italien weiß das gemeine Volk, welches sich sonst auf Tagesliteratur sehr schlecht versteht, eine Menge Hymnen und Psalmen auswendig und schön zu singen, welche anderswo die Theologen nie erlernen. Indem man den römischen Klerus neben jenem der andern Völker sah, fiel Einem unwillkürlich das Wort des Dichters ein: Haec patria est; patrias sed Roma supervenit omnes.

Rom besitzt in diesem Augenblick 1385 Weltpriester, mehr als ganz England, 2474 Mönche und 1657

Seminaristen, die aber aller Christenheit angehören;
denn Rom ist die Garnisonsstadt der streitenden Kirche.
Die so gerne über zu vielen Klerus in Rom klagen,
vergessen, daß Patriarchalbasiliken eine andere Kultus-
pracht entfalten müssen, als Pfarrkirchen von Land-
städten, daß bei den großen Heiligthümern mit Recht
Ehrengarden aufzustellen sind, welche für die ganze
Welt beten. Sie verkennen den Beruf Roms als
Centrum der christlichen Welt. Wer nach einzelnen
Menschlichkeiten sein Urtheil firirt und an Alles nur
den Maßstab der Heimath anlegt, verdient überhaupt
nicht gehört zu werden. Weil der Tertiarier mit dem
Zwerchsack bei den Hausfrauen und den Ladenbesitzern
herumbettelt, der Bruder in der braunen Kutte mit
der Geldbüchse am Omnibus oder an der Straßen-
kreuzung die gute Gelegenheit nie versäumt, oder ein
anderer seinen Esel durch die Straßen zu allen Schrei-
nern und Holzhändlern treibt, um für die Küche seines
Klosters einige Stecken zu sammeln: wer darf deßhalb
die Bettelmönche verdammen? Aber so Mancher ist
mit seinem Urtheil schon fertig, wenn etwa am Bahn-
hof in Rom mit ihm ein Kapuziner in den Omnibus
steigt und durch die Schmalzbutte und den Getreide-
sack ihm unbehaglich wird.

Der feine Tact und die Noblesse der römischen
Prälaten sind weltberühmt und werden auch von ihren
Feinden anerkannt. Die famiglia pontificia ist auch
hierin die erste in der Welt. Auf den Reunionen bei
Cardinal Altieri, Uditore, Narbi und dem Kriegs-
minister Merode hatten die Gäste häufig genug Ge-

legenheit, das Großartige und Unnachahmliche römischen
Wesens kennen zu lernen. Rom ist einzig und groß,
allzeit und in jeder Art. Einzig ist der Glanz und
der Geschmack seiner Villen, einzig der Reichthum und
der Werth seiner Privatgalerien, unübertroffen die
Herrlichkeit seiner kirchlichen wie weltlichen Festlich=
keiten; Rom ist groß in Wissenschaft und Künsten —
und einzig waren auch die Reunionen seiner Prälaten,
bei welchen die Vortrefflichsten aus allen Ländern in
einen wohlthuenden Contact traten.

Rom ist nicht die Hauptstadt Italiens, aber den=
noch kommen den Italienern die größten Ansprüche
auf die ewige Stadt zu. Keine größere Stadt liegt
auf der Halbinsel, die nicht ihr Heiligthum in Rom
besitzt. Den Venetianern gehört die langgestreckte Mut=
tergotteskapelle neben dem venetianischen Palast, den
Lombarden die hochgesprengte Kuppelkirche San Carlo
al Corso, unter deren Hochaltar das Herz des hl.
Karl Borromäus ruht; die Genuesen nennen St. Jo=
hann ihr eigen. Die Bergamasken verehren den hl.
Bartholomäus an der Piazza Colonna, die Brescianer
in der Via Giulia die Heiligen Justinus und Jovita.
Außer der freundlichen Kirche San Giovanni bauten
die Florentiner auch die Kapelle des hl. Johannes des
Täufers neben dem Friedhof der Hingerichteten. Die
Kapelle vom hl. Schweißtuch, den Piemontesen gehörig,
blieb dieses Jahr selbst am Patrociniumstag verschlossen.
Die Sieneser haben ihrer großen Heiligen Katharina
in Via Giulia eine Kirche erbaut, die Bewohner von
Nursia der hl. Scholastica, die aus den Marken San

Salvatore in Lauro. St. Buonaventura, den Lukkesen
gehörig, wird eben restaurirt. Unteritalien und Sicilien besitzen San Spirito in Via Giulia, St. Maria
d'Istria, San Paolo alla Regola und die Kirche der
Minimen, St. Franciscus von Paula. Diese Zahl
von italienischen Nationalkirchen überragt weit jene
der Deutschen, Franzosen und Irländer. Man sah
im Weltsenat beim Pfingstfest sitzen die Cardinal-Erzbischöfe von Benevent, Neapel und Viterbo, und die
Erzbischöfe von Cagliari, Sardegna, Sorrento. Die
Cardinal-Erzbischöfe von Ferrara, Ravenna, Fermo,
Pisa und Capua waren wie die Cardinal-Bischöfe von
Perugia, Imola, Sinigaglia, Ancona und Jesi durch
die Piemontesen verhindert zu erscheinen.

Nächst den Römern gefielen die Spanier am meisten. Die Bischöfe erkannte man am leuchtenden Grün
ihrer Hüte und am helleren Roth der Mantelette, die
Priester an ihren Hüten, die bei aufgestülpter Krempe
fast umgekehrten Cylindern gleichen, und wenn die
Krämpe niedergelassen, reichen Schatten werfen. Auch
das Käppchen mit starrendem Schopf und der weitere
Mantel, oft ein blaues Perlencollar, wären sichere
Kennzeichen der Spanier gewesen, hätte ihre ruhige
Grandezza, die alles eilfertige Vordrängen haßt, sie
nicht bei allen Festlichkeiten ausgezeichnet und der etwas dunkle Teint das wärmere Südland verrathen.
Ueber 20 Bischöfe und viele hundert Priester mit sehr
vielen Laien waren aus Spanien gekommen. Spanien
hatte auch vor Allen Ursache, beim großen Pfingstfest
zu erscheinen. Viele der Heiligen, welche canonisirt

5 **

wurden, sind seine Söhne, seine Missionäre bildeten
die übrigen Martyrer Japans heran; Spanien fällt
die schönste Glorie von dieser Feier zu. Dieß spanische
Volk verdient es auch. Im sechsten Jahrhundert nach
dem Aufhören des Arianismus als Geschenk dem hl
Petrus dargebracht, hat es bis zur Stunde jungfräu-
lich seinen Glauben bewahrt, vom achten bis zum fünf-
zehnten Jahrhundert die glorreichen Kreuzzüge von den
Pyrenäen bis zum Tariffelsen gegen die Mohamme-
daner bestanden, und als seine Conquistadoren die
neuen Welten entdeckten, auch sofort seine Galeonen
mit zahlreichen Missionären zu den Heiden geschickt.
Hat auch in diesem Jahrhundert die Kirche des Landes durch die Freimaurer schrecklich gelitten, sind die
prächtigen Klöster alle verloren und hat die neue Bis-
thumseintheilung, zu der man gezwungen wurde, viele
Verwirrung hervorgerufen, das Volk ist dennoch reli-
giös geblieben, und seine Liebe zu den Priestern hat
durch die Staatsbesoldung nichts verloren. Wie das
Land seit zehn Jahren äußerlich gleichsam ein anderes
geworden ist, seine materiellen Hülfsquellen sich ver-
doppelt haben, so daß Spanien bereits wieder die Po-
tenz einer Großmacht in sich trägt, so wird auch die
Kirche, rasch von den Schlägen sich erholend, bald an
den gemeinsamen Actionen der Christenheit neuerdings
den Antheil nehmen, der ihr gebührt, wird die Missionen wie ehedem fördern, in den Gaben für den hl. Vater andern Nationen den Rang ablaufen und besonders
beim Werk für die Vereinigung der Christen des Orients
mit Rom sich fruchtbar betheiligen. Mehr noch als

der afrikanische Krieg die Nation gestärkt hat, werden
die neuen Patrone im Himmel, Michael de Sanctis
und Petrus Baptista, mit den Seinen die alte Kraft
und Energie erflehen, wie sie einst vorhanden war, da
die Sonne nie in diesem Reiche unterging. Wie freudig berührte es alle Katholiken Europa's, als man
vernahm, daß die Regierung von Spanien den Bischöfen zur Reise nach Rom zwei Schiffe zur Disposition
gestellt! Königin Isabella, in der Anhänglichkeit an den
hl. Vater alle Regenten übertreffend, sandte Pius IX.
durch die Oberhirten die ermuthigendsten Beglückwün-
schungen. Die Begeisterung aber, mit welcher das
sonst wilde Volk von Barcelona die Bischöfe zur Ka-
thedrale, wo sie ihre Reisegebete verrichteten und von
da zu den Schiffen begleitete und die tausendstimmigen
Evviva's dem hl. Vater mitsandte, hat die schönsten
Abend-Demonstrationen in Marseille übertroffen. Rom
nahm auch seine Söhne aus Spanien mit besonderer
Liebe auf. Der hl. Vater hatte vor Kurzem die zwei
(mit den Cardinälen von Toledo und Sevilla die ersten) Metropoliten des Landes, den Erzbischof Michael
Gardia Cuesta von Compostella und Ferdinando de la
Puente von Burgos mit dem Purpur geschmückt. In
Rom wurde ihnen der Mund geöffnet. Wer da wollte,
machte einige Tage darauf im spanischen Gesandtschafts-
hotel den neuen Cardinälen seine Aufwartung und bewegte sich ungezwungen des Abends durch die glänzenden Salons. Spanien, welches durch Petrus von
Alcantara den Franciscaner-Orden reformirte, durch
Ignatius den Jesuitenorden hervorrief und bis vor

26 Jahren den Trinitariern die meisten Convente erbaute, hat nicht bloß das erste Gold Amerika's der
hl. Jungfrau in Maria Maggiore gesendet, wo es
von der reichen Kassettedecke niederglänzt, ihm gehören
auch die Muttergotteskirche, di Monserrato zugenannt,
die Dreifaltigkeitskirche in der Via Condotti, San Il-
defonso und in Trastevere Kirche und Kloster des hl.
Pascal Baylon. Spaniens König Philipp III. steht
in der Vorhalle von Maria Maggiore wie Heinrich
IV. von Frankreich in San Giovanni und Karl der
Große mit Konstantin in St. Peter. Das spanische
Viertel ist das reichste und glänzendste, das Westend
von Rom.

Die ältesten Kirchen Spaniens waren beim Pfingstfest vertreten. Da sahen wir den Bischof der Stadt
Jaen in Andalusien, deren erster Oberhirt Euphrasius
unter Nero gemartert wurde. Bischof Fernandez von
Palencia nannte unter seinen Vorfahren Nestorius, den
Jünger des Apostels Jacobus; Valdecannas von Gua-
dix im Lande Granada konnte den hl. Torquatus erwähnen, der unter Domitian gemartert wurde. Die
Vorfahren der meisten spanischen Bischöfe, die in Rom
1862 waren, haben bereits auf dem dritten Concil in
Toledo unterschrieben. Andere Diöcesen sind neueren
Ursprungs, wie Orchuela, von Julius II. errichtet,
oder Santander, das erst durch Benedict XIV. geschaffen wurde. Als beim zweiten halböffentlichen Consistorium in Rom am 24. Mai die Bischöfe ihre Stimmen
über die Heiligkeit des Michael de Sanctis abgaben,
hat wohl keiner mit bewegterem Herzen gesprochen, als

der Bischof Castannery Rivas von Vich in Catalonien, wo der Heilige geboren ist und der Erzbischof von Valladolid in Altcastilien, wo dessen Heiligkeit in besondern Glanze sich entfaltet hat.

Viele spanische Geistliche sah man bis zum Feste der Apostelfürsten die Heiligthümer Roms besuchen; sie haben als die Letzten der ewigen Stadt Lebewohl gesagt. Aus Frankreich waren alle sechs Cardinäle gekommen. Moritz von Bonald, Erzbischof von Lyon, begegnet uns zuerst, dessen Gläubige wohl unter allen Diöcesen am meisten an der Restauration der Kirche in unserm Jahrhundert sich betheiligten. Lyon ist die älteste Kirche in Frankreich, dort hat Jrenäus 197 eine Synode gehalten und die Metropolitanwürde wird bereits vom Kirchengeschichtschreiber Eusebius erwähnt. Der Boden von Lyon ist reich mit Martyrerblut getränkt. Neben Bonald gewahren wir Cardinal Matthieu von Besançon. Das alte Vesontium ist schon seit dem sechsten Jahrhundert Metropole; der hl. Linus wird dort als der erste Bischof verehrt, dem nach längerm Zwischenraum 284 S. Marimus folgte. Cardinal Gousset von Rheims nennt glänzende Namen unter seinen Vorfahren. Sirtus und Siricius sind als die ersten Bischöfe von Rheims erkannt; Remigius hat den ersten König getauft. Gousset selbst hat die Wissenschaft wieder in die alte Krönungsstadt zurückgeführt. Rheims, Metropole seit 745, besitzt einen Dom, der mit denen von Canterbury, Köln und Mailand wetteifert. Cardinal Donnet, der mächtige Streiter für die Sache Gottes in Süd-Frankreich, besitzt die Me-

tropole von Bordeaux, die ihre Gründung im dritten
Jahrhundert sucht und den hl. Gilbert unter den er=
sten Bischöfen nennt. Cardinal Morlot von Paris
war mit zahlreichem Erfolge erschienen. Noch vor sei=
ner Abreise hatte er dem Imperator erklärt, daß er
freudig dem Papst in die Verbannung folgen wolle.
Ueber 50 Priester brachte der Bischof von Nismes mit,
viele kamen mit dem Erzbischof von Avignon, dessen
Vorfahren 70 Jahre lang die Päpste in dem Palast
sehen, der sich heute noch in seiner riesenhaften Con=
struction mit seinen Thürmen und Zinnen ebenbürtig
an den Lateran und Quirinal reiht. Auch Avignons
erster Bischof wurde unter Domitian gemartert. Da
sahen wir die Herren von Aix, Arles, von Alby und
Rennes, von Auch, von Toulouse, deren Diöcesen Mär=
tyrer unter ihren Patronen haben, die alle in den er=
sten Jahrhunderten schon für den Heiland starben. Der
junge Erzbischof von Bourges, de la Tour d'Auvergne,
ragte unter allen französischen Kirchenfürsten hervor;
bei ihm ist fürstliches Auftreten mit römischer Genti=
lezza gepaart. Mehr als zwei Drittheile der Bischöfe
Frankreichs waren gekommen: Dupanloup, der mächtige
Redner, der Bischof Berteaud von Tulle, der die Tau=
sende im Colosseum begeisterte, Bischof Räß aus Straß=
burg, welcher deutsches und französisches Element so
gewinnend zu vereinigen versteht; doch es ist nicht mög=
lich hier alle zu nennen.

Auch an 2000 französische Abbés hatten die Fahrt
von Marseille her unternommen. Daß so ungewöhn=
lich viele kamen, hatte mehrfachen Grund. Durch die

starke französische Besatzung, die alle Klöster Roms halb besetzt, selbst die Vorhallen von Kirchen verunstaltet und in den Collegien den Aufenthalt verleidet, ist das französische Element stark in den Vordergrund getreten. Wie gerne freut man sich auch einmal dessen! Wie viel hat ferner Frankreich beim hl. Stuhl gut zu machen! Wie oft es auch poetisch die erstgeborne Tochter der Kirche genannt wird, sie hat Rom, der Mutter von allen Töchtern, die bittersten Schmerzen verursacht. Dann ist zu bemerken, daß eine Reise von Marseille nach Civita-Vecchia kein großes Unternehmen ist und die practische Seelsorge in Frankreich weniger zu bedeuten hat, als etwa in Deutschland. Für unser Vaterland wäre es eine wahre Calamität, wenn plötzlich einige tausend Priester ihre Gemeinden verließen.

Die Hauptkirche der Franzosen in Rom, San Luigi, hat sie häufig zu großem Gottesdienst vereinigt. Die Bretonen besitzen St. Ivo, die Burgunder St. Claudius, die Lothringer die Nikolauskapelle, die neben der deutschen Nationalkirche gelegen ist. Eine schöne Kirche gehört den Sacré-Coeur-Damen auf Trinità di Monti.

Wie die Römer und der Papst, so mußten auch die übrigen Nationen viel Geduld mit den Franzosen haben: sie sind nun einmal die ungezogensten Kinder in der großen Familie des hl. Vaters, ganz garstig einseitig und wollen andern Elementen keine Berechtigung gönnen. Wenn bei dem Weltfest je ein Mißklang möglich geworden, so war er durch das nicht immer tactvolle Benehmen von Franzosen veranlaßt. Doch

haben die Abbés am Fest des hl. Philipp Neri bei der
großen Auffahrt dem hl. Vater fleißig Blumen gestreut,
am Himmelfahrtstage, noch ehe der Segen gegeben
war, mit furia francese geklatscht und Evviva gerufen,
in Andrea della Valle bei der Rede Dupanloups zum
Entsetzen der Orientalen und Germanen wiederholt
geklatscht und besonders den Deutschen fast überall den
Vorrang abgewonnen. Die Folgen davon haben sie
selbst zu tragen. Sie werden seit dem Pfingstfest von
keiner Nation und nie mehr überschätzt werden. Die
Curie hat ohnehin längst die furia francese gehörig
gewürdigt.

––––––––

Zahlreich waren die Bischöfe Deutschlands erschienen. Die rheinischen Katholiken, die rührigst-thätigsten
von allen, vertraten der Weihbischof von Köln und
der Bischof von Trier; Köln hat bei dieser Gelegenheit
neuerdings 40,000 Thaler dem hl. Vater gesendet; die
Bischöfe von Münster, Paderborn und Osnabrück er-
holten den Segen des Papstes für die warmkatholi-
schen, treuergebenen Westphalen; der Erzbischof von
Polen-Gnesen, der Liebling der Polen und vom hl.
Vater besonders ausgezeichnet, repräsentirte auch die
zwei anderen Bisthümer Ostpreußens, das kleine Erme-
land und Kulm-Pelplin. Mainz, einst die erste der
drei großen Rheinmetropolen und von Innocenz III.
die vornehmste Kirche nach der in Rom genannt, hatte
durch seinen großen Bischof die oberrheinische Kirchen-
provinz zu vertreten; denn für den 90jährigen Metro-

politen von Freiburg war die Romfahrt doch zu gewagt. Aus Bayern, das überall im Ausland als Hort
der katholischen Kirche gilt, waren mit dem Erzbischofe
von München die Bischöfe von Regensburg, Würzburg
und Speyer erschienen; der Erzbischof von Salzburg
kam mit allen Suffraganen; Böhmen vertrat der Cardinal von Schwarzenberg, die fürstlichste Gestalt unter
allen Cardinälen, Mähren der Fürsterzbischof von Olmütz,
Ungarn der Cardinal von Gran mit vielen Bischöfen,
die südslavischen Länder Oesterreichs der Erzbischof von
Görz-Gradisca. Die österreichischen Kirchenfürsten wußten sich in Rom am glänzendsten zu repräsentiren. Das
Nationalpilgerhaus der Deutschen, die Anima, hat die
meisten beherbergt. Cardinal Reisach öffnete für sie
wiederholt seinen gastlichen Palast, und Erzbischof Fürst
von Hohenlohe bot seine Dienste überall an. Auch
das Germanicum vereinigte sie zu einem Festmahl;
Overbeck veranstaltete mehrere glänzende Reunionen.
In Kunst und Wissenschaft ragen die Deutschen auch
in Rom über alle anderen Nationen weit hervor. Sie
besitzen das Hospiz und die Kirche S. Maria dell' Anima,
die Kapelle, das Hospiz und den Friedhof am Campo
santo bei St. Peter, wohl einer der schönsten Punkte
der Welt, um dort die Auferstehung am jüngsten Tage
zu erwarten, die Kirche von Mariä Heimsuchung, bei
Andrea della Valle. Dem Collegium Germanicum gehören die Kirchen S. Malo, S. Saba und S. Stefano
Rotondo. Das Kloster der Madonna-Lys bei Maria
Maggiore wird meist von deutschen Basilianerinnen
bewohnt, die sich um Mutter Macrina, die große Be-

kennerin des Herrn, gesammelt haben. Polen hatte zwei Bischöfe gesendet; aus der Schweiz waren Marillep von Genf, auch ein Bekenner Christi, und der Bischof von Sion gekommen; neben ihnen gewahrte man die hochragende Gestalt des P. Theodosius. Mit Cardinal Sterckr von Mecheln erschien der Bischof im Namen der Wallonen, der von Gent für die den deutschen Dialect sprechenden Blamänder. Der Erzbischof von Utrecht und der Bischof von Harlem brachten die Wünsche von mehr als 1,200,000 holländischen Katholiken dem hl. Vater. Im Gefolge aller dieser Metropoliten und Oberhirten zählte man viele päpstliche Kammerherren, Domcapitularen und ausgezeichnete Laien.

Cardinal Wiseman von Westminster und Erzbischof Cullen von Dublin hatten zwanzig englische und irische Bischöfe mitgebracht; aus den ehemaligen vereinigten Staaten, aus Ober- und Nieder-Canada und aus Südamerika waren vier Erzbischöfe und siebenundzwanzig Bischöfe angekommen. Nie hatte sich die amerikanische Hierarchie so großartig vor Europa, vor Rom repräsentirt. Die englisch-amerikanische Energie würde für Italien sehr wohlthätig sein. Sie hatten viele Missionäre im Gefolge, ehrwürdige Helden, im Dienste der Seelen ergraut, deren Leiden und Opfer Gott allein kennt.

Wohl mit dem größten Wohlgefallen blieb unser Auge auf den orientalischen Bischöfen haften. Wunderschöne, imponirende Gestalten; so müssen die Apostel ausgesehen haben. Die Bischöfe von Serbien,

Albanien und der Moldau trugen sämmtlich einen kleinen Schnauzbart, die übrigen lange stattliche Bärte.
Ihre Diener mit dem Fez und dem weiten, bequemen
Schalvar, dem Gürtel, Tarabulus oder Somar genannt, und in dem niedlichen Entari, das dem Zuaven-
jäckchen ähnlich sieht, gefielen den Römern nächst den Hu-
saren des Cardinals von Ungarn mit ihren fliegenden
Dolmans und dem Silberwams am meisten. Auch bei
den Festlichkeiten zogen die Prälaten des Orients, die der
Armenier, Syrier, Griechen, besondere Aufmerksamkeit
auf sich. Das glänzende Humerale, das Omophorion
mit den unzählbaren Kreuzen, der viereckige Glaubens-
schild, die Cidaris, so sehr verwandt mit dem Triregnum, diese herrliche Kleidung hat immer das Auge
reizend angesprochen. Schon der Glanz der Namen
ihrer Kirchen hat bestochen. Wenn sie auch nicht über
viele Seelen als Hirten gesetzt sind, so hat ihre An-
wesenheit beim Pfingstfeste dennoch mächtig gewirkt.
Da sah man die Patriarchen von Konstantinopel und
Antiochien, die Erzbischöfe von Jerusalem und Babylon, von Nicomedia, Ephesus, Iconium, Smyrna, Seleucia und Damascus. Welche Erinnerungen rufen
diese Namen wach! Von den Cycladen, von Trapezunt, von Nicäa und so vielen anderen orientalischen
Sprengeln waren sie gleichfalls herbeigeeilt. So auch
aus Aegypten, Ceylon, Guinea, zuletzt noch aus Oceanien.
Wer kann die Namen alle nennen? Eilen wir weiter.*)

---

*) Bei der Canonisation waren anwesend:
Cardinäle: Marius Mattei, B. v. Ostia u. Velletri;

. Schon die Fahrt nach Rom bildet für die meisten priesterlichen Pilger eine der schönsten Episoden in ihrem Leben. Viele Bischöfe wie Pfarrer hatten bei ihrer Abschiedspredigt das eben einfallende Evangelium benützt: „Ueber eine kleine Weile und ihr werdet mich nicht mehr sehen, denn ich gehe zum Vater", und nahmen so von ihrer Gemeinde einen rührenden Abschied. Wie viele innige Gebete stiegen unterdeß zum Himmel auf für das Wohl der abwesenden Hirten! Die Gedanken aller Katholiken der Welt concentrirten sich ja Wochen lang allein auf Rom mit einer Liebe und einer Innigkeit, wie nie. Da und dort hatten schon beim Abschied die Gemeinden eine Demonstration ihren Oberhirten bereitet. Allen unvergeßlich bleibt aber Marseille; Marseille, die große Seestadt, wo die

---

Constantin Patrizi, B. v. Porto u. Sta. Rufina; Ludwig Amat, B. v. Palestrina; Anton Maria Cagiano d'Azevedo, B. v. Tusculum; Hieronymus d'Andrea, B. v. Sabina; Ludwig Altieri, B. v. Albano; Benedict Barberini, Tit. S. Lorenzo in Lucina; Anton Tosti, Tit. S. Pietro in Gianicolo; Engelbert Sterckr, Eb. v. Mecheln; Ludwig Bonald, Eb. v. Lyon; Friedrich Schwarzenberg, Eb. v. Prag; Dominicus Carafa di Traetto, Eb. v Benevent; Sirtus Riario Sforza, Eb. v. Neapel; Jacob Mathieu, Eb. v. Besançon; Thomas Gousset, Eb. v. Rheims; Nicolaus Wiseman, Eb. v. Westminster; August Donnet, Eb. v. Bordeaur; Johann Scitowski, Eb. v. Gran; Franz Morlot, Eb. v. Paris; Michael Garcia Cuesta, Eb. v. Compostella; Kajetan Bedini, B. v. Viterbo u. Toscanella; Ferdinand de la Puente, Eb. v. Burgos; Fabius Asquini, Tit. S. Stefano auf Monte Celio; Nicolaus Paraciani, Tit. S. Pietro in Vincoli; Kamill di Pietro, Tit. S. Giovanni a Porta La-

Tugend so muthvoll den Kampf mit dem üppigen Laster aufgenommen hat, wo Bischof Eugen so viel bewunderungswürdige Institute geschaffen und auch der neue Hirte, ein Sohn des hl. Patrick, gleichzeitig einen Dom und drei andere Kirchen vollendet. Wie oft haben die Felsen der nahen Meeresinseln das vive Pie IX. vernommen, welches die Bevölkerung von den hohen Uferbauten den Bischöfen in den abgehenden Schiffen nachjauchzte! Wie oft tönte das Ave maris stella, von mächtigen Priesterchören Abends um 10 Uhr gesungen, zu Notre Dame de la Garde hinauf, deren Tempel sich so lieblich in Marmor und Gold auf der meerbeherrschenden Felsenkuppe ausbaut! Auf dem Meere wurden am zweiten Tag bei den meisten Fahrten die Chöre organisirt und Psalmen und Litaneien

---

tina; Karl Reisach, Tit. S. Cecilia in Trastevere; Clemens Villecourt, Tit. S. Pancrazio; Alexander Barnabò, Tit. S. Susanna; Joseph Maria Milesi, Tit. S. Maria in Aracoeli; Peter de Silvestri, Tit. S. Marco; Karl Sacconi, Tit. S. Maria del popolo; Angelus Quaglia, Tit. SS. Andrea e Gregorio in Monte Celio; Anton Maria Panebianco, Tit. SS. XII. Apostoli; Ludwig Ciacchi, Diac. S. Angelo in Pescheria; Joseph Ugolini, Diac. S. Maria in Via Lata; Peter Marini, Diac. S. Niccola in Carcere Tulliano; Joseph Bofondi, Diac. S. Cesareo; Jacob Antonelli, Diac. S. Agata alla Suburra; Robert Roberti, Diac. S. Maria in Dominica; Dominicus Savelli, Diac. S. Maria in Aquirio; Prosper Caterini, Diac. S. Maria della Scala; Kaspar Grassellini, Diac. SS. Vito e Modesto; Theodolph Mertel, Diac. S. Eustachio.
Patriarchen: Melchior Ferlisi, Patr. v. Konstantinopel; Thomas Iglesias y Barcones, Patr. v. Westindien; Joseph

gesungen; die Franzosen hielten selbst Maiandacht und brachten in lieblichster Weise Maria, dem Meeresstern, den Tribut ihrer Verehrung. Diese Meeresandachten regten ganz gewaltig an. Auch trafen schon auf den Schiffen die Priester und Bischöfe aller Nationen aufeinander. Da tauschte man gemachte Erfahrungen aus, erkundigte sich um den Stand der Kirche in den verschiedenen Ländern und erstaunte über die Größe und Einheit der Kirche und den Opfersinn der Gläubigen in den Gebieten der Missionen. Denn bei den Missionären waren immer die rührendsten und interessantesten Geschichten zu erfahren; aus ihren Augen flammt auch jenes eigenthümliche Feuer, ihr Herz ist so weit, ihnen gibt die apostolische Begeisterung einen besondern Reiz. Zutraulich schaarten sich die Priester um die

---

Trevisanato, Patr. v. Benedig; Karl Belgrado, Patr. v. Antiochia; Anton Hassun, Primas von Konstantinopel (Arm. Ritus).

Erzbischöfe: Ludwig Maria Carvelli, Eb. v. Achrida; Stephan Missir, Eb. v. Jerusalem (Griech. Rit.); Lorenz Trioche, Eb. v. Babylon; Tobias Aun, Eb. v. Beyrut (Maronite); Emmanuel Marongiu-Nurra, Eb. v. Cagliari; Johann de Zerphanion, Eb. v. Alby; Johann Cometti, Eb. v. Nicomedia; Mellon Jolly, Eb. v. Sens; Leo Przyluski, Eb. v. Gnesen und Posen; Alexander Afinari di Sanmarzano, Eb. v. Ephesus; Eduard Hurmuz, Eb. v. Syrac (Arm. Rit.); Raphael d'Ambrosio, Eb. v. Dyrrachium; Joseph Maria Debelay, Eb. v. Avignon; Paul Cullen, Eb. v. Dublin; Thomas Connolly, Eb. von Halifax; Johann Purcell, Eb. v. Cincinnati; Johann Hugues, Eb. v. New-York; Renat Régnier, Eb. v. Cambray; Maximilian Tarnoczy, Eb. v. Salzburg; Anton Ligi-

Bischöfe und hörten sie von ihren Sprengeln erzählen.
Die lebendige Schilderung dessen, wobei man selbst
mitgehandelt, macht immer weit tieferen Eindruck, als
das geschriebene Wort. So wurde schon die Seefahrt
Vielen zu reichem Gewinn; man lernte eine Menge
Personen kennen und erfuhr von Zuständen, von denen
man sonst wohl nie etwas in Erfahrung gebracht hätte.
Die Landung in Civita-vecchia geschah meist unter
Gebet. Mit dem Psalm: laetatus sum in his wurde
Italien begrüßt, und den Gruß trugen die Lüfte voraus in die ewige Stadt. Kamen Cardinäle an, so
rückte wohl auch Militär aus und die Kanonen don-
nerten ihren Freudengruß den Fürsten der Kirche entgegen. Noch unvergeßlicher fielen manche der Rück-
fahrten aus, die französische Messagerie sandte ihre

Bussi, Eb. v. Iconium; Ludwig Clementi, Eb. v. Damascus;
Sylvester Guevara, Eb. v. Venezuela; Johann Zwysen, Eb.
v. Utrecht; Friedrich v. Fürstenberg, Eb. v. Olmütz; Paul Bru-
noni, Eb. v. Taron; Athanasius Sabugh, Eb. v. Tyrus (Mel-
chite); Andreas Bizarri, Eb. v. Philippi; Franz Apuzzo, Eb.
v. Sorrento; Andreas Gollmayr, Eb. v. Görz u. Gradiska;
Vincenz Tizzani, Eb. v. Nisibe; Peter Castellacci, Eb. v. Pe-
tra; Vincenz Spaccapietra, Eb. v. Smyrna; Alexandrian, Eb.
v. Jerusalem (Armen. Rit.); Marianus Ricciardi, Eb. v.
Reggio; Salvator Vitelleschi, Eb. v. Seleucia; Alexander Franchi,
Eb. v. Thessalonich; Gregor Scherr, Eb. v. München und Frei-
sing; Georg Chalandon, Eb. v. Aix; Joseph Costa y Borras,
Eb. v. Tarragona; Ludwig de la Lastra y Cuesta, Eb. v. Valla-
dolid; Gustav Hohenlohe, Eb. v. Edessa; Kajetan Pace-Forno,
Eb. v. Malta; Philipp Gallo, Eb. v. Patras; Peter Glanelli,
Eb. v. Sardes; Emmanuel Gil, Eb. v. Saragossa; Gottfried

größten Dampfer. So nahm das Schiff am Dreifal=
tigkeitssonntag 60 Bischöfe und viele hundert Priester
auf; der Steamer, welcher den Donnerstag nach Pfing=
sten abfuhr, hatte 30 Bischöfe und 300 Priester an
Bord genommen, meist Deutsche, eine eben so hohe
Zahl das Schiff, welches den Tag vorher abging.
Die Spanier hatten für den 11. Juni einen eigenen
Dampfer zur Rückkehr bestellt. Auch diese Heimfahrt
begleiteten heilige Gesänge, von mächtigen Priester=
chören abwechselnd gesungen. Nie hat das Mittelmeer
außer in der Zeit der Kreuzfahrten und der großen
Jubiläen schönere Weisen vernommen. Waren doch
alle Pilger erfüllt von Begeisterung und gingen nun
aus nach allen Richtungen in die ganze Welt, wie
einst die Apostel von Jerusalem, um Allen zu verkün=

Saint Marc, Eb. v. Rennes; Julian Desprez, Eb. v. Toulouse;
Spiridion Maddalena, Eb. v. Corcyra; Marianus Barrio y
Fernandez, Eb. v. Valencia; Franz Delamare, Eb. v. Auch;
Karl de la Tour d'Auvergne Lauraguais, Eb. v. Bourges;
Meledios, Eb. v. Dramas (Griech. Rit.); Peter Maupas, Eb.
v. Abras.
Bischöfe: La Rocque, B. v. St. Hyacinth; Cardoni, B.
v. Carista; Vitali, B. v. Agathopolis; Blancheri, B. v. Le=
gione; Filippi, B. v. Aquila; Ginoulhiac, B. v. Grenoble;
Rudigier, B. v. Linz; Cairal y Estrade, B. v. Urgel; Kilduff,
B. v. Ardagh; Loughlin, B. v. Brooklyn; Berea, B. v. Lina=
res; Baylay, B. v. Newark; Espinosa, B. v. Guadalarara;
Ciurcia, B. v. Scobra; Attems, B. v. Seckau; Bedini, B. v.
Terracina; Caverot, B. v. Saint-Dié; Fernandez, B. v. Pale=
ncia; Moriarthy, B. v. Kerry; Riccabona, B. v. Trient; Ger=
bet, B. v. Perpignan; Jona, B. v. Monte Fiascone; Barajas,

bigen, was sie gesehen und erlebt, und ihnen mitzu=
theilen von den Segnungen und Gnaden, die sie selbst
empfangen hatten. Das Volk, das katholische, welches
die Bedeutung des Festes fühlte, das es im Geiste selbst
mitgefeiert hatte, nahm seine Hirten, da sie wieder
kamen, mit Jubel und Pracht in Empfang. Noch vor
dem Feste der Apostelfürsten war die Kunde nach Rom
gedrungen von dem überaus glänzenden Einzug, den
der Erzbischof von Posen in seine Metropole gehalten;
man hatte erfahren, daß die Katholiken Deutschlands
in allen Gauen mächtig angeregt waren, aus Frank=
reich war die ausführliche Beschreibung großer Demon=
strationen bei der Rückkehr der Bischöfe eingelaufen.
Auch wußte man in Rom, daß am Feste der Apostel=
fürsten in vielen Kathedralstädten Europa's specielle

B. v. Saint=Louis; Bacon, B. v. Portland; Roullet de la
Bouillerie, B. v. Carcassonne; Vitezich, B. v. Begließ; Ro=
bilossi, B. v. Alatri; Sergent, B. v. Quimper; Lavastida,
B. v. Puebla; Vaughan, B. v. Plymouth; Signani, B. v.
Sotroiso; Pace, B. v. Amerino; Plantier, B. v. Nimes;
Duggan, B. v. Chicago; Smith, B. v. Dubuque; Casasola,
B. v. Concordia; Jordany, B. v. Fréjus u. Toulon; Gilooly,
B. v. Elphin; Mac=Gettingan, B. v. Raphoë; Dolton, B.
v. Port=Grace; Jarrell, B. v. Hamilton; Semaria, B. v.
Olympia; Nicolaus Didiot, B. v. Bayeur; Martin, B. v.
Paderborn; Bara, B. v. Chalons; Wiber, B. v. Hall; Ber=
geretti, B. v. Santorin; Marszewki, B. v. Wladislaw; Gas=
ser, B. v. Brixen; Murinelli, B. v. Porphyra; Maurizi, B.
v. Verulano; Wood, B. v. Philadelphia; Doney, B. v. Mon=
tauban; De Preur, B. v. Sion; Berowski, B. v. Zytomir;
Mac=Nally, B. v. Clogher; Tirabassi, B. v. Ferentino; Bog=

Feierlichkeiten stattfinden würden. Mancher, der am
Vorabend von St. Peterstag an den Colonnabenecken
des Petersplatzes stand oder an den Stufen des Tempels saß, dachte an die Heimath oder die Städte, die
er gesehen, und brachte im Geiste die Feuerpyramide
in Rom und am Feste selbst die Girandola des Pincio
in ihrem farbensprühenden Feuergepraffel mit den langen Fackelzügen und den Jubelklängen an der Donau
oder am Rhein in Verbindung. Diese heilige monatelange Freude auf Erden fand ja auch Wiederhall bei
der triumphirenden Kirche im Himmel.

Der erste Gang jedes Pilgers in Rom geht nach
St. Peter zum Grabe der Apostelfürsten ad limina
apostolorum. Glücklicher Augenblick, seit Jahren von
Jedem ersehnt! Wer hat nicht vor diesem Grabe,

danovich, B. v. Europa; Baillès, früher B. v. Luçon; Pellet, B.
v. Aquapendente; Marilley, B. v. Lausanne u. Genf; Forcade,
B. v. Nevers; Pavy, B. v. Algier; Slomscher, B. v. Lavant;
Ullathorne, B. v. Birmingham; Ricci, B. v. Signium; De
Morlhon, B. v. Le Puy; Timon, B. v. Buffalo; Rapp, B. v.
Cleveland; Keane, B. v. Cloyne; Serra, B. v. Daule; Dob-
massei, B. v. Aleria; Parsi, B. v. Nikopoli; Müller, B. v.
Münster; Bisleti, B. v. Corneto; Mullock, B. v. St. John
auf Neufundland; Canubio y Alberto, B. v. Ségovia; Balma,
B. v. Ptolemaïs; Robes, B. v. Metone; Meirieu, B. v. Digne;
Foulquier, B. v. Mende; Kelly, B. v. Titopolis; Dupanloup,
B. v. Orleans; Joannes Antonius, B. v. Arethusa; Ranol-
der, B. v. Vesprim; Dreur-Bréjé, B. v. Moulins; Arachial,
B. v. Trapezunt; Petagna, B. v. Castellamare; v. Ketteler,
B. v. Mainz; Cousseau, B. v. Angoulême; Munguia, B. v.
Mecoacan; Baillargeon, B. v. Thloa; Turner, B. v. Salford;

nächst jenem in Jerusalem das ehrwürdigste auf Erden,
so Vieles zu beten, zu sagen, zu verlangen für sich
und die Seinen und Alle, die Gott ihm als Freunde
gegeben hat? Das Grab, so überaus herrlich und alle
andern Heiligthümer Roms an Größe und Schönheit
übertreffend, immer erleuchtet von 89 Lampen; das
Unermeßliche der Kuppel, der Schiffe mit allen ihren
Wundern der Kunst; der Petersplatz, der schönste Platz
in der Welt, so weit, so harmonisch, so colonnaden-
prächtig: das Alles macht gleich einen überwältigenden
Eindruck. Hier steht man im rechten Centrum der
Welt. Die Stimme, die vom Vatikan ertönt, wider-
hallt in allen Zonen, bei allen Völkern, unter jeg-
lichem Klima, und wirkt gewaltiger, als die Depeschen,
die von den Tuilerien ausfliegen, und die Reden, die
im Parlamentsgebäude an der Themse fallen.

————

Mencacci, B. v. Cività-Castellana; Mabile, B. v. Versailles;
Grant, B. v. Southwark; Brinciotti, B. v. Bagnorea; Lyon-
net, B. v. Valence; Feigerle, B. v. S. Pölten; Haynald, B.
in Siebenbürgen; Guerrin, B. v. Langres; Regnault, B. v.
Chartres; Giustiniani, B. v. Chieti; Casanelli, B. v. Ajaccio;
Feron, B. v. Clermont; Sillani, früher B. v. Terracina;
Dehesele, B. v. Namur; Bourget, B. v. Marianopolis; Gil-
lis, B. v. Lymira; de Marguerye, B. v. Autun; Montieri, B.
v. Ponte-Corvo; Delebecque, B. v. Gent; Besi, B. v. Ca-
nope; Stahl, B. v. Würzburg; Brown, B. v. Newport; Giglli,
B. v. Tivoli; Vibert, B. v. Maurienne; de Besins, B. v.
Agen; Topich, B. v. Philippopoli; Crispigny, B. v. Mandela;
Räß, B. v. Straßburg; Weiß, B. v. Speyer; Gignour, B.
v. Beauvais; Berteaud, B. v. Tulle; Bardou, B. v. Cahors;
Arnoldi, B. v. Trier; Wheland, B. v. New-Orleans; Dupont

Unwillkürlich zieht es Einen schon in den ersten Stunden des Aufenthaltes in Rom über den capitolinischen Hügel durch's Forum in's Colosseum. Es sind die erschütterndsten Eindrücke, die hier den Pilger fast erdrücken. Am palastreichen Capitol ist die Fahne des Kreuzes siegreich aufgepflanzt. Eine Welt von Ruinen bietet sich dem Auge dar vom Forum an. Vom schönen Dioscurentempel stehen nur noch drei Säulen; zerfallen ist die fünfschiffige Basilika Julia und nur ein Theil des Bodens mehr sichtbar, und alle die Monumentalsäulen, die einst so stolze Statuen trugen, sind bis auf die Phokassäule niedergeworfen. Die Generationen haben die Figuren des Severusbogens furchtbar verwüstet, und nur mit Mühe vermag man noch die Rostra der Kaiserzeit zu erkennen. Hier gewahrt man die Reste des großen Concordientempels,

---

des Loges, B. v. Metz; Fitzpatrick, B. v. Boston; Mac Closkey, B. v. Albany; Severini, B. v. Sappen (in Albanien); Henny, B. v. Milwaukie; Rosani, B. v. Erythra; Mac Eviley, B. v. Galway; Furlong, B. v. Fernen; Clifford, B. v. Clifton; Geraud de Langalerie, B. v. Beley; Declufy, B. v. Biviers; Simor, B. v. Zaury; Scandelia, B. v. Antinoë; Melchers, B. v. Osnabrück; Pompignac, B. v. Saint-Flour; Justo, B. v. Salamanca; Moreno, B. v. Oviedo; Dominguez-y-Baldacanus, B. v. Cadir; O'Hea, B. v. Roß; Conde y Corral, B. v. Plasencia; Franciscus a Paula Benavides, B. v. Sagunt; Blanco, B. v. Aquila; Castaner-y-Rivas, B. v. Bich; Marroban-y-Rubia, B. v. Tarragona; Jaume-y-Garun, B. v. Minorca; Ascensio, B. v. Jaca; Papardo, B. v. Sinope; Pagliari, B. v. Anagni; Mac Farlan, B. v. Harford; Lacroir, B. v. Bayonne; Senestrey, B. v. Regensburg; Devoucour,

dort die drei weißen Marmorfäulen gehörten einem Tempel, den Domitian seinem Vater Vespasian erbaute; in den acht Säulen an der andern Seite des Clivus will man einen Saturnstempel erkannt haben. Der tarpejische Felsen auf der einen, der mamertinische Kerker auf der andern Seite: wie verschiedenartige Gefühle rufen sie wach! Täglich beten Hunderte über der Stätte der Leiden der Apostelfürsten; wo dagegen ist das goldene Haus des Nero, ihres Peinigers, welches 3000 Säulen zierten, das von der Südostseite des Palatin durch das Thal bis auf den Esquilin sich hindehnte? Es ist zerfallen und vom Schutt von Jahrhunderten bedeckt; verschwunden sind wie es die Paläste des Augustus, des Tiberius, Caligula, Domitian, des Heliogabal, keine Spur mehr von den alten Tempeln und Bibliotheken. Wohl aber blieb der Titusbogen stehen, darauf der siebenarmige Leuchter, der heilige Tisch und die Bundeslade abgebildet ist, und

---

B. v. Evreux; Horan, B. v. Kingston; Amherst, B. v. Northampton; Vuihic, B. v. Antiphellus; Rosales-y-Mugnez, B. v. Gihon; Paya-y-Rico, B. v. Conchia; Cubero y Lopez de Padilla, B. v. Orlolo; Bélaval, B. v. Pamiers; Wiery, B. v. Cork; Halagi, B. v. Artuin (Arm. Rit.); Lynk, B. v. Toronto; Crespo, B. v. Santander; Epivent, B. v. Aire; Gelessa, B. v. Pacto; Spoglia, B. v. Ripa; Monetti, B. v. Cervi; Mac-Jntyre, B. v. Charlestown; Domenec, B. v. Pittsburg; Bonnaz, B. v. Temeswar; Bucciarelli, B. v. Pulati; Wilmer, B. v. Harlem; Butler, B. v. Cidon; Cruice, B. v. Marseille; Covarubius, B. v. Antequera; Cornthwaite, B. v. Beverley; Canossa, B. v. Verona; Studach, B. v. Orthosia; Berardi, ernannter Erzbischof von Nicäa.

der Zeugniß gibt für die Wahrheit von den Weissagun-
gen Christi. Auch der Konstantinsbogen ist am besten
von allen Triumphbogen erhalten, um beständig den
Sieg über das Heidenthum zu verkünden. Und dann
kommen die ungeheuern, gebirgähnlichen Massen des
Colosseums. Hier küßt Jeder das Kreuz, welches in
der Mitte steht, und dankt dem Heiland, daß er die
Welt erlöst hat. Auf dieser Stätte wurden die Christen
unter den Zähnen der Löwen und Panther zermalmt,
hier wurde die Bekenntnißfreiheit erkämpft.

Sind am Grabe der Apostelfürsten die Gebete verrichtet und alle Aufträge der Angehörigen dort erledigt,
ist das Kreuz im Colosseum geküßt und vielleicht ein
oder der andere Lieblingsheilige an seinem Grabe besucht, so will Jeder in das Antlitz des heiligen Vaters
schauen. O es ist so schön, so unbeschreiblich schön,
das Angesicht unseres heiligen Vaters! Aus seinen
Augen strahlt ein Feuer, das vom Himmel stammt.
Ueber alle Züge ist eine Verklärung hingegossen, wie
sie nur Heiligen eigenthümlich ist, wie sie das Gebet
und das Martyrium erzeugen. Wie überirdisch ist seine
Ruhe! Den Tag wird Jeder besonders bezeichnen,
wo er den Papst zum ersten Male sah. Der Anblick
wirkt immer gnadenreich, wie ein Sacramentale. Daher die Lust der Kinder, den Vater immer zu schauen.
Wer wäre in Jerusalem dem Heiland nicht überall
nachgegangen; wer hätte nicht gern seine Füße geküßt
und das himmlische Feuer seiner Augen auf sich wirken
lassen? So auch bei seinem Stellvertreter, der in
Allem ihm so ähnlich geworden ist. Tausende folgten

dem Herrn in die Wüste, ihn zu hören und zu sehen; Tausende von Pilgern versammelten sich, wenn Pius öffentlich erschien; Hunderte suchten ihn täglich Abends in seinen Vorzimmern auf, wo er immer gütig sich zeigte, segnete und Andenken und Gnaden vertheilte. Wo er seine Kinder am höchsten entzückt hat, wer kann das sagen? Wir jauchzten ihm unser Hosannah entgegen am 12. April in Sant Agnese fuori, als ganz Rom auf den Beinen war, um die wunderbare Rettung vom tobdrohenden Sturz zu feiern. Wir sahen ihn in der Loggia von St. Peter, wie er den dreizehn Priestern am grünen Donnerstag die Speisen reichte und den Wein einschenkte, mit einer Grazie, die nicht nachgeahmt werden kann. Wir sind in freudigen Jubel ausgebrochen, nachdem er am Ostertag 100,000 Menschen, die den Petersplatz füllten, und mit ihnen aller Christenheit den großen Segen ertheilt hatte. Als er nach Porto d'Anzo fuhr, zerrissen unsere Evviva's die Lüfte, und da er wiederkehrte, ward er mit dröhnendem Jubelruf von Tausenden empfangen. Mächtiger schwoll die Begeisterung, als Pius IX. am 11. Mai die Anbetung des Sanctissimum in San Giovanni eröffnete; den Sonntag darauf, 18. Mai, zitterten der Viminal und Esquilin unter dem Freudengejauchz der Massen; noch steigerte der Jubel sich bei dem großen Segen und der glänzenden Heimfahrt am Himmelfahrtstage, um endlich am Donnerstag nach Pfingsten im prätorianischen Lager unter dem Donner der Kanonen und den Weisen aller Regimentsmusikbanden den Höhegrad zu erreichen, bei dem eine Steigerung zur Unmöglichkeit wird. Beglückend wirkt das Wort des hl. Vaters in der Privataudienz, überaus schön und lieblich ist er, wenn er die Priester bedient; erhaben und streng, indem seine Regimenter unter klingendem Spiel an ihm vorüberziehen; majestätisch würdevoll, wenn er, das Triregnum auf dem Haupt, im großen päpstlichen Mantel in der Sedia unter Posaunenschall in die Kirche getragen wird; noch überwältigender wird die Majestät, wenn er auf der Loggia von Sanct Peter oder San Giovanni erscheint, erst betet, dann die Arme ausbreitet und der Welt den Segen ertheilt; doch am wunderbarsten erscheint er, einem Cherub vergleichbar, wenn er am Frohnleichnamstag den Heiland im Sacrament anbetend trägt. Er, der Stellvertreter Gottes, hält den lebendigen Gott in seinen Händen und betet ihn an, betet für die ganze Welt, ganz hingegeben in Liebe mit endlosem Vertrauen.

Der heilige Vater hat sich seinen Gästen ganz hingegeben. Er empfing alle Bischöfe sofort nach ihrer Ankunft und ließ ihr Gefolge sich von ihnen vorstellen. Am 9. Juni gab er den Oberhirten ein Abschiedsmahl mit etwas mehr als 300 Gedecken, am 6. Juni hatte er mehr als 2000 Priester, Nichtitaliener, in der Sixtina empfangen, am 22. Juni kamen zahlreich zu ihm die italienischen Priester. Für jeden mußte der hl. Vater ein liebendes, unvergeßliches Wort. Er theilte Gnaden an alle aus. Der eine erhielt Indulgenz für sich und seine Verwandten im Tode. Der andere die Vollmacht, zu benediciren; jener erbat für seine Kirche

eine Gnade, dieser sollte den Segen für einen Con=
vent, eine Genossenschaft nach Hause bringen. Einem
jungen Diakon aus Bayern werden viva voce alle
nöthigen Dispensen ertheilt, so daß er in Rom ordi=
nirt wird und seine erste heilige Messe über dem Leib
des hl. Petrus in der Confession von St. Peter cele=
brirt. Der Papst hat in diesen Wochen hunderttau=
sende, wo nicht Millionen von Medaillen und Rosen=
kränzen, von Kreuzen und Bildchen benedicirt, die be=
reits in aller Welt verbreitet sind und als sichtbare
Zeichen der Anhänglichkeit die Kinder täglich an den
hl. Vater erinnern. Bei den Audienzen am 6. und
22. Juni erhielten alle Pfarrer und Kapläne, wie die
Vorstände von Conventen und Klöstern, Instituten,
Spitälern und Gefängnissen die Vollmacht, einmal den
ihnen anvertrauten Untergebenen an einem von dem
Bischof zu bestimmenden Tag den apostolischen Segen
mit der Wirkung des vollkommenen Ablasses für die,
welche sich nach dem Willen der Kirche vorbereiten, zu
ertheilen. Am 10. Juni wurde an alle Priester im
Quirinal eine große Bronzemedaille ausgetheilt mit
dem wohlgetroffenen Bildniß des Papstes und der in
Ruinen liegenden Patriarchalbasilika von St. Paul,
die durch Pius IX. eingeweiht wurde, und für deren
Vollendung unaufhörlich in den Ateliers, besonders in
der großen vatikanischen Mosaikanstalt gearbeitet wird.
Vor Allem aber empfahl der hl. Vater den Priestern bei
der Audienz am 6. Juni das Gebet, welches die Wol=
ken durchbringt, durch das wir das Gute erlangen und
das Böse abwenden; die Charitas, durch die wir wach=

6**

sen in Christus; die Wissenschaft, welche ist das Licht
vom Herrn, und durch welche die Kirche ihre Strahlen
in die ganze Welt wirft. Der hl. Vater versichert in
seiner Ansprache an die Priester, daß er bei dem Anblick so vieler Gesalbten, die mit den Bischöfen um
ihn sich schaaren, alle seine Leiden förmlich vergesse.
Gott, der Urheber des Friedens und der Eintracht,
habe diese Versammlung zusammengeführt; in der Einheit bestehe vorzüglich der Ruhm der Kirche, sie sei
ihr Schmuck, sie sei der Schrecken der Feinde, die vor
einem geordneten Kriegsheer nicht bestehen können. Als
der Papst gesprochen, wurde der Versikel angestimmt:
Oremus pro Pontifice nostro Pio! Und die Tausende antworteten singend: „Dominus conservet eum
et vivificet eum et beatum faciat eum, in terra et
non tradat eum in animam inimicorum ejus." Mit
immer steigender Bewegung wurde dieß dreimal gesungen. Der Papst erschien da wie ein Engel des
Himmels, und die Priester, denen er seinen Geist mitgetheilt, gingen hochbeglückt auseinander.

Die Oberhirten feierten am Montag nach Pfingsten
ein Liebes- und Abschiedsmahl im Vatican mit dem
Papste. Auch ihnen hat das Herz gebrannt in der
Nähe des gemeinsamen Vaters. War doch schon der
große Prachtsaal der Bibliothek mit seinem fast himm-
lisch schönen Schmuck, mit seinen Kostbarkeiten, welche
die Fürsten schenkten, mit den Darstellungen der großen
Concilien der gewähllteste Platz, einzig auf Erden, zu
dieser Agape, wie sie noch selten stattgefunden hat.
Und als der hl. Vater nach dieser Tafel in den vati-

canischen Gärten seiner Liebe vollen Lauf ließ und so
überaus rührende Worte sprach, haben viele der Bi=
schöfe ihre Thränen nicht zurückgehalten. Der Papst
hat alle beim Feste anwesenden Bischöfe zu Thron=
assistenten ernannt, der römische Senat ihnen die Würde
von römischen Patriziern verliehen und ihre Namen
in's goldene Buch eingetragen. Wie den Bischöfen
schon früher zwei starke Quartanten zugeschickt wurden,
in denen alle an den verbannten Papst nach Gaëta
gesandten Abressen gedruckt waren; wie sie später die
elf umfangreichen Bände mit allen Entscheidungen und
Erklärungen hinsichtlich der Dogmatisirung der unbe=
fleckten Empfängniß erhielten, so wurde auch dießmal
eine Rom würdige Festschrift in sechs großen Bänden
ausgegeben, in welcher alle Erlasse des Episcopats
auf der ganzen Welt in Bezug auf die weltliche Ge=
walt des Papstes in glänzender Ausstattung abgedruckt
sind. Gleichzeitig wurden auch der zweite und dritte
Folioband des diplomatischen Coder zur Begründung
der weltlichen Macht von Theiner ausgegeben, deren
Urkunden bis 1789 reichen, so daß nun die Zeugnisse
der Gegenwart und Vergangenheit gesammelt sind,
Riesenmonumente, wie nur Rom sie errichtet, das in
denselben Tagen durch Rossi auch den ersten kostbaren
Folianten über die altchristlichen Inschriften der Welt
bietet. Außer dem genannten Sammelwerk erhielten
die Bischöfe auch eine prächtige Festdenkmünze. Wie
die Namen Aller, die am 8. Dec. 1854 bei der Dog=
matisirung zugegen waren, in den Marmortafeln ein=
gegraben wurden, welche jetzt die Wände der Ostung

von St. Peter zieren, sowie auf den Tribunen in St. Paul die Namen aller, die der Einweihung der unermeßlichen Basilika, der größten in der Welt und von der ganzen Welt wieder gebaut, assistirten, so wird über das Pfingstfest gewiß das entsprechende Marmormonument verfertigt werden.

Die Bischöfe ihrerseits brachten gleichfalls die mannigfaltigsten Gaben dem Papste. Viele der Worte, die der hl. Vater bei Audienzen gesprochen hat, wurden rasch allen bekannt und mit andern ausgetauscht; doch kann hier nicht von allen diesen Dingen berichtet werden. Auch ist von den Pilgern, nach ihrer Heimkehr mit liebender Hast von den Angehörigen bestürmt, der römische Anekdotenschatz in traulichen Abenden ausgebeutet worden. Gewiß ist, daß Jeder diese Momente zu den unvergeßlichsten in Rom zählt, in denen er Pius IX. sprach, in sein Angesicht schaute und von ihm gesegnet wurde.

––––––––

Alle Pilger hatten wiederholt Gelegenheit, den Papst in seinem vollen Glanze und in aller Majestät zu schauen. Jedem drängte sich dabei alsbald die Ueberzeugung auf, daß er als Katholik der größten Sache unter der Sonne dient, und daß auch an äußerer Repräsentation die katholische Kirche alle andern Mächte der Erde weit überragt. Am Osterfest umgaben 66 infulirte Prälaten den Papst, am Himmelfahrtstag überstieg ihre Zahl weit das erste Hundert, am Pfingstfest zählte man, wie gesagt, fast 300 Mitra, der

Frohnleichnamsprozeſſion wohnten etwa 120 Carbinäle
unb Kirchenfürſten an, am Feſte ber Apoſtelfürſten
konnte man noch über 70 zählen. Die Sirtiniſche
Kapelle ſah ſelten mehr Carbinäle, als am 17. unb
21. Juni, ber Jahresfeier ber Erwählung unb Krö-
nung bes Papſtes. Was ſinb alle anbern Verſamm-
lungen in Vergleich mit bieſer ber Nachfolger ber Apoſtel um ben Papſt; wo kommt ein Hofſtaat bem bes
hl. Vaters ähnlich? Wo finbet ſich ſo viel Wiſſen-
ſchaft, Tugenb unb Geſchäftskenntniß zuſammen, als
im Collegium ber Carbinäle, bie bem Papſte zur Len-
kung ber ganzen Kirche beigegeben ſinb, gleichwie Mo-
ſes 70 Greiſe ſich beigezählt hat, um bas auserwählte
Volk in bas hl. Lanb zu führen? Von 61 Carbinälen
waren 43 in Rom, 9 Hüte ſinb vakant. Wir ſahen
ſie oft an uns vorübergehen, bie Scala regia herab-
ſteigen, ſahen ſie in ber Sirtina, bei ben öffentlichen
Conſiſtorien, in San Giovanni, in Sanct Peter. Von
ber Engelsbrücke aus gefiel uns bie ungeheure Suite
ber ſchweren Carbinalscaroſſen in ihrer maſſenhaften
golbenen Pracht, mit ben bebuſchten Pferben, ben Hai-
bucken unb ben vergolbeten Räbern. Prächtiger iſt
nicht bie Suite, bie täglich ben Hybepark unb Ken-
ſington-Garben in Lonbon entlang ober burch bie ely-
ſeiſchen Felber zum Sternenbogen in Paris hinaus ſich
bewegt. Nach ben Carbinälen erſchienen bie Patriarchen; von 11 waren 5 erſchienen; von 145 Erzbiſchö-
fen waren 53 ba, nahezu auch ein Drittheil bes Episcopats, beſonbers bie Prälaten ber Miſſionen. Sie
Alle immer unb wieberholt ſehen zu können, hat Jebem

die Größe und Bedeutung der kirchlichen Hierarchie klar
gemacht. Wie der Papst das Centrum der Einheit und
der Gemeinschaft aller Katholiken ist, und als der
höchste Hohepriester das sichtbare Haupt der allgemeinen Kirche, Vater aller Christen, Nachfolger Petri,
Stellvertreter Christi auf dieser Welt und nicht allein
seine Kirche und Diöcese in Rom verwaltet, sondern
auch Metropolit der römischen Provinz, Primas von
Italien und Patriarch des Occidents ist, so nehmen
die Cardinäle nach dem Papst den ersten und hervor-
ragendsten Rang in der Hierarchie ein, bilden den
höchsten Senat des Papstes und sind seine Coadjutoren
in der Regierung der ganzen Kirche. Sie verwalten
die Kirche bei der Sedisvacanz, sie erwählen den Nachfolger des hl. Petrus. Dem Gebrauch in den ersten
Jahrhunderten gemäß, führt jeder Cardinal den Titel
einer Kirche und übt auf diese Jurisdiction, nachdem
er von ihr persönlich in Rom Besitz genommen hat.

Bei den vielen Festlichkeiten lernte man auch die
Capella und die Famiglia Pontificia, sowie die bedeu-
tendsten Mitglieder der Congregationen und Tribunale
kennen. Wer noch bis zum Feste der Apostelfürsten
blieb, sah besonders in der Oktav dieses Festes die
Ranggliederung der päpstlichen Prälaten sich schön entfalten. Eine Ordnung nach der andern bringt dem
hl. Petrus ihre feierliche Ovation. Am 30. Juni kommen nach San Paolo die Bischöfe, welche Thronassistenten sind; am 1. Juli assistiren der Hochmesse in
Santa Pudentiana, wo Petrus drei Jahre wohnte,
die apostolischen Protonotare; am 2. Juli sieht man

in Santa Maria in Via lata die Auditoren der Rota versammelt; am 3. Juli finden sich die Clerifer der päpstlichen Kammer in San Pietro in Vincoli ein, wo die Ketten verehrt werden, mit denen Petrus gefesselt war; am 4. Juli erscheinen die Botanti della Segnatura im Mamertinischen Kerker; am siebenten Tage der Oftav endlich assistiren der Kapelle in San Pietro in Montorio, wo der Apostelfürst gekreuzigt wurde, die Abbreviatori del Parco Maggiore.

So sah Jeder nach und nach die päpstlichen Hausprälaten, die weltlichen wie geistlichen, wirklichen und überzähligen Kammerherren, in ihrer Tracht und ihrem Amt.

Besonders gern blieb das Auge auf den Ordensgeneräten haften. Sie sind als Feldherrn an die Spitze der Legionen gestellt, die todesmuthiger als die macedonische Phalanr und die Römerlegionen, jeden Augenblick bereit stehen, auf den Wink des hl. Vaters zu eilen, wohin er es für gut findet; die immer auf allen Punkten der Welt ihre Wächter haben und die Fahne Christi erobernd in die Gebiete der Heiden, der Häretiker und Schismatifer tragen.

Diese gewaltige Repräsentation der kirchlichen Hierarchie zu Rom in der Festzeit hat auf alle Pilger den günstigsten Eindruck hervorgebracht. Mit neuer Liebe fügt sich Jeder als Glied in's große Ganze, als ein Stein in den himmelragenden harmonischen Bau, wissend, daß Ungehorsam oder Trennung tödtet und verdorrt. Dadurch aber wurde das Fest zugleich eine neue Cautel und feierliche Anerkennung des Autoritäts-

princips und eine mächtige Protestation im Namen von
200 Millionen Katholiken gegen die durch die Welt
grassirende schreckliche Monomanie der Autoritätslosig-
keit, in der Jeder selbst Schöpfer sein will, sein eige-
nes Ich vergöttert und seinen Herrn und Gott bei
Seite setzt.

Wo sind sie sich nicht begegnet die Gäste alle, die
Amerikaner und Asiaten, die Spanier und Engländer,
die Deutschen und Franzosen? Im Corridor des Vaticans, der 2131' lang ist, in den Hallen des Belve-
dere, wo die schönsten Bildwerke der alten Welt sich
befinden; und in den zwei Gemäldegallerien des Vaticans, die klein sind, aber kostbar wie wenige auf
Erden; im Prachtsaal der Vaticana, dessen handschrift-
liche Schätze wieder alle anderen übertreffen? Wir
freuten uns gemeinsam auf dem Capitol im Palast der
Conservatoren der Geschenke, die man dem hl. Vater
dargebracht hat. Mehr noch als die Antiken auf dem
Capitol und im Vatican beschäftigte die meisten das
christliche Museum des Lateran, das seit 15 Jahren
errichtet ist. In der großen Halle stehen die Sarko-
phage der Christen, die früher in den Katakomben sich
befanden und meist aus dem 4. und 5. Jahrhundert
stammen. In mehr oder weniger sorgfältiger Bearbei-
tung sieht man hier häufig dargestellt: die Anbetung
der hl. drei Könige, die Auferweckung des Lazarus,
das Wunder zu Kana, die Speisung der 4000 Mann,
Daniel in der Löwengrube, Moses, der Wasser aus
dem Felsen schlägt, Petrus, der die Schlüssel des Him-
melreiches empfängt. Jonas, das Symbol des Auf-

erſtandenen, wie oft kehrt er wieder; auch der gute
Hirt und die drei Jünglinge im Feuerofen. Das Bild
der Mutter Gottes begegnet einem ebenfalls ſehr häu=
fig. Wir finden denſelben Ideenkreis heute wie vor
1400 Jahren, zur Zeit des Katakombenſängers Pru=
dentius; Alles iſt hier ſo wahr, ſo anſprechend, ſo ver=
ſtändlich auf den erſten Blick! Noch belehrender faſt
ſind im Lateranmuſeum die Copien der beſten Wand=
malereien aus den Katakomben, die erſten vom Beginn
des 3. Jahrhunderts; man kann dieſe Monumente der
älteſten Zeit hier bequemer als in den Katakomben ſelbſt
ſtudiren. Da ſind die Agapen dargeſtellt, einfach rüh=
rend, wie ſie die erſten Chriſten feierten. Welch' ein
Unterſchied zwiſchen dieſen Liebesmahlen von ſieben
Perſonen und der großen Agape, die Pius IX. mit 310
Prälaten in dem großen Saale der Vaticana hielt;
zwiſchen der kleinen Kirchenverſammlung in der Unter=
kirche von San Clemente und dem prachtvollen En=
ſemble aller Kirchenfürſten im großen Ornate im Chor
von St. Peter am Pfingſtfeſt! Wieder erſcheint in die=
ſen Malereien die Mutter Gottes bei der Anbetung
der Könige, und ſonſt betend in Mitte der verſchiedenen
Gruppen; auch der gute Hirt mit dem Lämmchen auf
der Schulter und alle die bekannten Symbole der Auf=
erſtehung: Jonas, Lazarus, Daniel, die drei Jüng=
linge im Feuerofen. Es iſt nun ſeit der Auffindung
der ſehr alten Katakomben der hl. Priscilla erwieſen,
daß die Mutter Gottes mit dem Jeſuskinde von An=
fang des zweiten Jahrhunderts ſowohl in Ma=
lerei als in Sculptur ſehr häufig dargeſtellt wurde;

so findet man auch aus dem dritten Jahrhundert in den
Calixtkatakomben eine Madonna mit dem Kinde; seit
wenigen Jahren reiht sich an diese die prächtige typisch
gehaltene Mutter Gottes aus der Zeit Konstantins in
der Unterkirche von St. Clemente, eines der ältesten
Denkmäler der Malerei. Um diese Zeit wurden ihr
auch bereits die großen Kirchen gebaut, in denen vom
sechsten Jahrhundert an die byzantinischen Bilder, die
s. g. Lukasbilder, ihre Verehrung finden. Wer nur
diese Bildwerke in Rom mit Verständniß verfolgt, der
erkennt sofort all' den Trug und die Lügen, welche
die kirchenfeindliche Wissenschaft gegen die Mutter des
Herrn seit Hunderten von Jahren zusammengewälzt hat.
Gar verschiedenartige Siegeshymnen schallen aus den
heiligen Schatzkammern der Katakomben. Daß die Verehrung der Heiligen, der Martyrer und das Gebet für
die Verstorbenen in den ersten Zeiten wie jetzt in
Uebung war, ist Jedem aus uns unmittelbar klar geworden. Das schöne uralte Gemälde in der Unterkirche von San Clemente stellt die Hierarchie von Petrus, Linus, Cletus und Clemens unumstößlich fest,
zeigt uns auch, wie das Meßopfer in ältester Zeit gefeiert wurde. Schon in den Katakomben ist von gottgeweihten Jungfrauen die Rede. Die 11,000 bis jetzt
bekannten ältesten christlichen Inschriften, gesammelt im
oberen Kreuzgang von St. Paul, in der Lapidargal-
lerie des Vaticans, in San Lorenzo fuori, im römischen Colleg und im Lateranpalast, die vom Jahre 108
bis 454 reichen und von Rossi nun der Welt bekannt
gegeben, werden als kostbare Ueberbleibsel einmal recht

verwerthet, vollends manches auf Sand errichtete Gebäude der antikirchlichen Wissenschaft zusammenwerfen.
Je weiter die Herausgabe der geschichtlichen Quellen
aller Art voranschreitet, desto siegreicher entfaltet sich
die Wahrheit und in der Wahrheit siegt allezeit die
Kirche. Einkehr in die Tiefe der Dinge deckt alle
Lügen und Irrthümer auf. Wer seine Augen nicht
verschließt, sieht in Rom die Kirche so deutlich aus den
Katakomben herauswachsen. Die unscheinbare Wand-
malerei in der Tiefe tritt bald in Mosaik in die Tribune: so stammt der furchtbar ernste richtende Heiland
und die Darstellung der 24 Aeltesten auf dem großen
Triumphbogen von St. Paul aus der Zeit der Kaiserin
Galla Placidia 440; die Mosaiken der Tribune von
St. Cosmas und Damian, das vollendetste dieser Art
in der christlichen Kunst, datiren vom Jahr 540.

Rom, cruore magis quam purpura rubens, bot
uns auch in der Festzeit, besonders von Ostern, den
vollen Reichthum seiner Reliquien und Heiligthümer.
Vom Ostertag bis Pfingsttag konnte man acht großen
Vorzeigungen von Reliquien im Lateran, in St. Maria
in Maggiore, St. Pressede, in St. Peter, in St. Maria
Trastevere, in San Rocco, zu den zwölf Aposteln und
in San Marco beiwohnen. Das schöne Singen, die
hl. Ehrfurcht der Priester, die sie vorzeigen, die Pracht
und Mannigfaltigkeit der Reliquiarien in Gold, Silber,
Krystall, funkelnd von Perlen und edlen Steinen: das
Alles erhebt das Herz ganz wunderbar und mehrt die
Liebe zu den Heiligen. Wer preist sich nicht glücklich,
wenn er in Maria Maggiore Ueberreste von der Wiege

des Heilandes sieht; wenn er den Tisch, auf welchem das Abendmahl eingesetzt wurde, in San Giovanni gewahrt; wenn er in Santa Croce in Gerusalemme den großen Kreuzpartikel erblickt, den die hl. Helena aus Jerusalem gebracht, und die spitzigen Dornen der Krone des Herrn, wie den grausamen Nagel, der sein Fleisch zerrissen? Dort befindet sich auch ein Stück der Kreuzinschrift. In St. Peter schaut man die hl. Lanze; hanc tremendam lanceam omnes adoremus et in ejus laudibus semper jubilemus; das Veronica=Tuch ist ebenfalls hier. In St. Pressede steht die Säule, an welcher der Heiland gegeißelt wurde. Alle Fibern gerathen beim Anblick dieser Instrumente des Gottes= mordes in Bewegung.

Wir sind den heiligen Apostelfürsten überall nach= gegangen auf den Spuren, die sie in Rom zurückge= lassen haben. Wer feierte nicht gerne das hl. Opfer über dem Altar in St. Pudentiana, wo Petrus drei Jahre wohnte? Wer betete nicht dankbar auf der Stätte in San Pietro in Montorio, wo er gekreuzigt wurde; wer küßte nicht mit inniger Freude und Dankbarkeit die Ketten, die seine Glieder an die Kerkermauer fes= selten? Erschütternd wirkt allezeit die Feier des hl. Meßopfers im Mamertinischen Kerker. Alle Krypten der Welt werden an Pracht, Ausdehnung und Reich= thum an Denkmälern von den vaticanischen Grotten übertroffen; man muß sie aber bei großer Beleuchtung in der Vigilie oder am Feste der Apostelfürsten sehen. Noch trinkt man aus den drei Quellen, die das sprin= gende Haupt des hl. Paulus aus der Erde lockte, in der Kirche Alle tre Fontane, man bewahrt die Schule des Völkerapostels und die Wohnung in St. Maria in Via lata, in der er mit Lucas zusammenlebte. Auch vor manch' anderm Apostelgrab betet der Pilger in Rom. In Rom lernt er die Heiligen des Meßcanons kennen, hier geht ihm auf das Verständniß des Breviers, hier gewinnt er bald die Ueberzeugung, daß nur der das Leben der Heiligen recht versteht und beschreiben kann, der sie in Rom kennen gelernt hat. Rom wird man in Jahren nicht in seinen Schätzen zu ergründen vermögen; aber auch in wenigen Wochen empfängt man schon eine Fülle von Bildern, die einem das ganze fernere Leben verschönern.

Wir besuchten die fünf Patriarchal-Basiliken, die Konstantins-Basiliken, die sieben Stations-Basiliken und vor allen die schönsten der 66 Muttergottes-Kirchen der priesterlichen Tempelstadt. Wenn auch kaum eine einzige der Kirchen Roms eine musterhafte Façade besitzt, von den Kuppeln nur zwei durch wirklich schöne Verhältnisse erfreuen, die mittelalterlichen Thürme bis zur Einförmigkeit sich ähnlich sehen, die modernen ausnahmslos, bis auf den von St. Paul, dem unglücklichsten von allen, mißglückt sind, überhaupt das Außenwerk der römischen Kirchen weder in den Gesimsen noch in den Lichtöffnungen irgendwie befriedigt: sie haben doch wieder Reize, welche den deutschen und noch mehr den französischen Kirchen fehlen, denn alle ihre Schönheit ist nach innen; hier glänzen die kostbarsten Marmorarten, das Gold ist massenhaft verschwendet, die Malerei hat den letzten Winkel aufgesucht, um Al-

les zu verschönern. Da winken dir jene ewig schönen
uralten Christusbilder und Madönnchen entgegen, so
lieb erfunden, so fromm gemacht, daß du immer wie=
der auf Besuch kommst. Die reiche Legende, die tiefe
Symbolik, die Geschichte der Päpste und der Orden,
das Hereingreifen der Himmlischen in das Leben der
Irdischen: die alten Künstler wußten Alles zu benützen,
um der Frömmigkeit und ihrem Opfersinn entgegenzu=
kommen. Auch besitzt fast jede Kirche eine besonders
gezierte Kapelle oder ein in Lichterglanz prangendes
Heiligengrab. Dazu die spiegelglatte Reinlichkeit und
der edle Stolz, dem Heiligen recht artig zu dienen;
Alles dieß hat uns die Kirche so außerordentlich lieb
gemacht. Gerade die kleinsten sind oft die einladend=
sten. Damit soll nicht gesagt sein, daß im Innern
Alles den Gesetzen der Aesthetik entspricht, wie die
Schule sie uns gelehrt hat. Im Gegentheil, der Reich=
thum hat sich im Innern durchweg auf Kosten der
Harmonie entfaltet, gar selten wird strenge Symmetrie
und Eurythmus gefordert. Ja man kann die ganze
Kunstweise von Italien seit 300 Jahren als eine ver=
kehrte Richtung bezeichnen. Wie die Katholiken Deutsch=
lands durch die antichristliche Wissenschaft sich die öffent=
liche Meinung verwirren, die Geschichte verfälschen und
ihr ganzes Gedankenleben mit Dunst und Nebel um=
geben ließen und erst in unserer Zeit von dieser schreck=
lichsten aller Tyrannei sich emancipiren: so drückt auf
italienischen Kunstgeschmack bis zur Stunde das Heiden=
thum der Renaissance mit furchtbarer Wucht. Die Ita=
liener fühlen es aber nicht, es kommt ihnen die Misere

noch nicht zum Bewußtsein, denn sie wollen nicht bei ihren Vätern in die Schule gehen und nicht ihre eigne Vergangenheit studiren. Es geschehen auch in Rom wie in andern Ländern die glanzvollsten Restaurationen mit ungeheuren Kosten; aber nur in St. Maria sopra Minerva und in St. Agostino sieht man Anfänge zu Besserem.

Die Maiandacht zeigte uns das römische Volk in einer seiner schönsten Seiten. Die Liebe Roms zur Madonna, o könnte man sie nach Deutschland verpflanzen! Dieß Zutrauen zur Mutter, die sinnige Art, die Bitten ihr darzubringen, all' die rührenden lieblichen Arten, ihr bei Tag und des Abends eine Freude zu bereiten, ihr und dem süßen Bambino, das müßte man Jahre lang miterleben: denn der Muttergottes-Cult in Rom ist eine Welt für sich, eine Welt voll überströmender Poesie, voll wunderbaren Lebens, mit der nichts in einer anderen Stadt der Welt in Vergleich gebracht werden kann. Es genüge zu erwähnen, daß in den letzten Tagen des Mai die Kirche San Vincenzio ed Anastasio neben der Fontana di Trevi die Kinder Maria's nicht zu fassen vermochte, daß wir bei der prachtvollen Schlußfeier in Maria in Cosmedin jubelnd in das dreimalige Evviva Maria! am Ende der Predigt einstimmten und in der ältesten Muttergottes-Kirche der Welt, in St. Maria in Trastevere, die über alle Vorstellung begeisterte Schlußfeier am 1. Juni mitmachten.

Aber es sei genug. Wollte man von Allem berichten, was wir in diesen Tagen in Rom gesehen und gehört, wo wäre ein Ende abzusehen! Auch machen es

Bücher und Schriften nicht aus, Rom will erlebt sein. Gott ließ uns all' das schauen und hat uns alle in der ewigen Stadt zusammengeführt, nicht bloß, um uns zu stärken für neue Kämpfe und Verfolgungen, die nicht ausbleiben, sondern auch um den Repräsen= tanten aller Völker die Nichtigkeit und Eitelkeit aller nationalkirchlichen Bestrebungen zu zeigen. Alle, die in Rom gewesen und mit ihnen hundert Millionen, sind wieder ganz römisch=katholisch geworden. Alles Staatskirchenthum, das in unserem Jahrhundert so Viele vergiftet, hat durch das Pfingstfest einen letzten Todesstoß erhalten. Wir alle fühlten uns als Kinder Einer Mutter, Söhne Eines Vaters: Ein Glaube, Eine Taufe, Ein Christus. Um die ewige Roma sind ihre Töchter alle versammelt, neidlos eine der anderen ihre Vorzüge gönnend. Die Einheit der Kirche aber ist die größte und die geschlossenste, welche unter Men= schen möglich ist.

Viertes Kapitel.

Der Papst ist in allen Religions= und Glaubens= sachen als der oberste Richter von Christus gesetzt und nimmt als solcher eine unabhängige und absolute Au= torität in Anspruch. Zu den wichtigsten kirchlichen An= gelegenheiten gehört die Heiligsprechung. Sie ist mit den Lebensinteressen der Kirche verbunden, weil sie eine äußere Explication ihres inneren Geistes ist. In den Heiligen zeigt sich ja die Frucht der Schöpfung,

der Erlösung und der göttlichen Heilslehre im emi-
nenten Grade und Gottes Herrlichkeit wird besonders
in ihnen offenbar. Die Entscheidung darüber, ob sich
eine auserwählte Seele über den gewöhnlichen Grad
der Tugend erhoben hat, ob sie ganz außerordentliche
Werke verrichtete und den Grad der Heiligkeit erreichte,
der nöthig ist, um allen Gläubigen als Vorbild hingestellt zu werden, steht nur dem Papste zu. Der
Papst definirt bei dem Acte der Heiligsprechung, daß
die Tugend eines Auserwählten den Grad der Aus-
zeichnung verdiene, daß sie durch unangreifbare Wunder bestätigt sei und daß der Diener Christi deßhalb
in das Verzeichniß Jener einzutragen sei, welche von
den ältesten Zeiten der Kirche her allgemein und öffentlich als Heilige verehrt und angerufen wurden.

Die Beatification oder die Canonisation ist aber
kein Jurisdictionsact über das Jenseits, sondern eine
Disposition für die streitende Kirche; es ist keine pro-
motio ad gloriam, sondern ad cultum. Die ewige
Herrlichkeit ist dem Heiligen durch Gott längst zu
Theil geworden; durch die Canonisation wird er nur
für die Gläubigen auf Erden als Vorbild hingestellt
und ein Gegenstand der Verehrung und Anrufung.
Nie hat ein Bischof einen feierlichen Canonisationsact
vorgenommen; wenn in den frühesten Zeiten auch hin
und wieder ein Oberhirt die Verehrung eines Auserwählten den Gläubigen seiner Diöcese erlaubte, so
mußte doch der Papst diese Erlaubniß bestätigen und
so die Canonisation vollenden; jederzeit gab auch die
Festanordnung wie das Martyrologium der römischen

Sängerfest.   7

Kirche bei der Heiligenverehrung den Ausschlag. Die erste feierliche Canonisation hat Papst Johannes XV. an Bischof Ulrich von Augsburg vorgenommen; früher wurde der Act auf den römischen Synoden vollzogen, oder es wurden wenigstens die bei der Synode ver= sammelten Bischöfe befragt. War dazu keine Gelegen= heit, so versammelten die Päpste die an der Curie an= wesenden Erzbischöfe und Bischöfe mit den Cardinälen um sich zu einem Consistorium, in dem indeß auch nur eine Schlußberathung stattfand. Denn die förmliche Untersuchung hatte durch den Bischof der Diöcese schon vorher stattgefunden. Die Acten, die der Bischof ein= gesendet, hatten die Kapläne des Papstes geprüft, die Rubriken formirt und dem Papste referirt. Die letzte Prüfung geschah anfangs durch einen Cardinal, später durch drei. Nach Sirtus V. bedienten sich die Päpste zur Leitung des Processes der Ritus=Congregation; Urban VIII. und Innocenz XI. haben den Proceß der Canonisation in allen seinen Theilen gesetzlich bestimmt. Jetzt steht es dem Bischofe, und zwar in seiner Diö= cese ihm einzig und allein zu, als Richter den Proceß super non cultu vel paritione decretorum förmlich einzuleiten, die übrigen gerichtlichen Informationen über die Tugenden und Wunder des Verstorbenen zu neh= men, doch nur um sie dem hl. Stuhl durch das Organ der Ritus=Congregation zu übersenden, damit hier ent= schieden werde, ob der Canonisationsproceß einzuleiten sei oder nicht. Ist aber die Sache beim hl. Stuhle ein= mal anhängig gemacht, so wird der Bischof für jedes weitere Verfahren durchaus incompetent und muß sich desselben enthalten. Auch die Ritus-Congregation hat zu jeder eigentlich richterlichen Disposition ein specielles Mandat nöthig sowohl zum Angriff des Processes, als zu dessen Fortführung; sie bedarf für alle ihre einflußreichen Decrete der Sanction des Papstes, der das Endurtheil in der Beatification und Sanctification selbst fällt.

Der Proceß der Beatification ist sehr complicirt und wird mit enormer Strenge geführt. Es kann hier nicht auf das Detail eingegangen werden. Auch unterscheidet sich die Beatification wesentlich von der Canonisation und folgt die letztere keineswegs zu schnell auf die erstere, wie wir dieß an unsern Heiligen sehen. Im Speciellen entscheidet allezeit das Breve über den Cult der Beatificirten, im Allgemeinen aber ist Vorschrift, daß die Feste der Beatificirten ohne specielle Erlaubniß nicht gefeiert werden dürfen. Auch sind ihre Namen nicht in's Kalendarium einzutragen, nicht in die öffentlichen Gebete einzuschalten und ihre Reliquien nicht in Processionen herumzutragen; die Seligen dürfen nur mit den vom hl. Stuhle erlaubten Gebetsformeln angerufen werden. Wenn auch die Messe der Beatificirten gewissen Congregationen erlaubt ist, so dürfen andere Priester dieß Formular in deren Kirche nicht gebrauchen; Bilder der Seligen dürfen nur mit specieller Erlaubniß des hl. Stuhles in Kirchen und Kapellen angebracht werden, und dann nur an den Wänden, nicht an den Altären, und wenn auch Letzteres erlaubt wird, folgt noch nicht, daß man Messe an diesem Altare lesen dürfe. Auch erstreckt sich die Erlaub-

niß des Cultus der Seligen für einen Ort, nicht auf
den andern. Wer bewundert nicht diese festgehaltenen
Unterschiede, welche die Kirche macht? Der Cult richtet sich genau nach dem Verdienste des Heiligen. Nie
vergißt die Kirche, daß die Heiligen Geschöpfe Gottes
sind: sie waren seine Diener, wurden seine Freunde,
wurden Söhne Gottes durch Adoption und sind nun
zugelassen zur ewigen Anschauung und eingegangen in
die ewige Seligkeit. Weil sie im Himmel diese Glorie
genießen, weil sie auf Erden so vieler Gnadengeschenke
theilhaftig wurden und mit Tugenden sich bereicherten,
haben sie einen Vorzug, der mehr als menschlich ist.
Aber die Kirche setzt die Heiligen nicht Gott gleich,
Gott allein ist der König aller Könige und der Herr
der Heerschaaren; ihm allein gebührt Anbetung, von
ihm fließt alle Macht aus. Die Heiligen aber als
seine Freunde und Adoptivsöhne sind unsere Vermittler
und Sachwalter bei dem Allmächtigen.

Soll es nach der Beatification zur Canonisation
kommen, so ist nöthig, daß der Ruf der Heiligkeit sich
immer weiter verbreite, daß die Andacht des Volkes
zu den Seligen sich immer mehre, vor Allem aber,
daß neue Wunder auf ihre Fürbitte gewirkt werden.
Auch müssen Gesuche vorliegen, welche dringend die
Canonisation verlangen. Der Procurator vom Orden
oder der Congregation, welche die Heiligsprechung will,
mit förmlichem Mandat constituirt, reicht erst ein Memoriale an die Ritus-Congregation in Rom ein, berichtet darin über den Sachverhalt und bittet um Ver-
leihung der Remissorialien für die Instruction des

Processes. Ein Cardinal erstattet in der Sitzung der
Ritus-Congregation Bericht über die Lage der Dinge
bis zur Beatification, über das Indult derselben und
den Inhalt des neuerdings eingereichten Memoriale.
Nachdem dieß geschehen, referirt der Secretär der Congregation an den Papst, welcher diese dann zum Wei-
terverfahren bevollmächtigt. Nun erläßt die Congregation die Remissorialien zur Leitung des Processes an
die betreffenden Bischöfe und legt verschiedene Artikel
und Fragestücke bei, die sich auf die nach der Beatification eingetretenen Thatsachen beziehen. Sind die
Proceßacten zurückgeschickt, so wird erst das dubium
de validitate von der Congregation entschieden. Die
congregatio antepraeparatoria besorgt dem Cardinal-
Relator die genauesten Informationen und die gedie-
gene Beleuchtung der Sache, die congregatio prae-
paratoria informirt alle Cardinäle der Congregation,
die General-Congregation endlich entscheidet über die
Wunder, die geschehen sind nach der Beatification. Der-
artige General-Congregationen finden jetzt höchstens zwei
im Jahre statt, und es werden in jeder nur zwei bis
drei verschiedene Gegenstände zum Referat vorgelegt.
Eine Uebereilung ist also schwerlich möglich und kaum
denkbar. Hat die letztgenannte General-Congregation
bejahend für die Heiligzusprechenden entschieden, so ist
ihre Thätigkeit wie die contentiöse Seite der Canonisation geendigt. Was folgt, ist bloße Feierlichkeit. *)
Der Papst hat vor der feierlichen Canonisation der

---

*) Bangen, die römische Curie (226—246).

27 Heiligen am 8. Juni drei Consistorien gehalten, ein öffentliches und zwei halböffentliche. Das öffentliche fand am 15. Mai in der Aula Regia des Vatican, neben der Sirtina, statt. Es war bereits eine große, überaus ehrwürdige Versammlung: es erschienen die Cardinäle, Patriarchen, Erzbischöfe und Bischöfe, die Prälaten=Collegien, der römische Senat, der Secretär der Riten, der Promotor fidei, die Consistorial=Advocaten. Als der hl. Vater in großer Pracht herein=getragen war und auf dem Thron sich niedergelassen hatte, stellte die Versammlung das Bild eines allge=meinen Concils dar, was auf Jeden, der anwohnte, einen außerordentlichen Eindruck hervorbrachte. Die Cardinäle saßen auf den einfachen Bänken, alle übri=gen Hierarchen standen in den umliegenden Räumen. Drei Gallerien waren für die Zuschauer errichtet. Erst trat der Consistorial=Advocat Monf. Morfilli vor den hl. Vater und las mit feierlicher Stimme ein Schrift=stück ab, das die Geschichte der japanischen Martyrer enthielt. Er gab den Beweis des wirklichen und wahren Marterthums dieser Helden, welche in vollendeter Liebe ihr Leben für Jesus Christus hingegeben haben, die durch ihre wunderwirkende Kraft zugleich das Marter=thum nicht bloß als äußere That, sondern als den höchsten aus der Gesinnung hervorgehenden Tugend=act bewiesen haben. Er perorirt schließlich für ihre Heiligsprechung und supplicirt darum beim hl. Vater. Nach ihm trat Monf. J. Bapt. de Dominicis=Tosti in die Mitte, beugte das Knie vor dem Papste und verbrei=tete sich ausführlich über das Leben, die Tugenden und

die Wunder des Trinitariers Michael de Sanctis und
schloß ebenfalls mit der Bitte an den hl. Vater, ihn
in den Katalog der Heiligen einzutragen. Den beiden
vor dem Papst nun knieenden Consistorial-Advocaten
antwortet Mons. Pacifici, stehend zur Linken des päpstlichen Thrones, als Secretär der Breven, ebenfalls in
lateinischer Rede im Namen Seiner Heiligkeit, daß die
feierliche Canonisation stattfinden werde am 8. Juni.
Doch wolle man noch vorher die Meinung der anwesenden Bischöfe, Erzbischöfe, Patriarchen und Cardinäle
im geheimen Consistorium vernehmen.

Diese geheimen oder halböffentlichen Consistorien
fanden am 22. und 24. Mai statt. Bei dem ersten
zählte man bereits an 170 Oberhirten; auch die zwei
ersten Auditoren der Rota, der Secretär des Consisto-
riums und die Ceremonienmeister fanden sich ein. Der
hl. Vater eröffnete mit kurzer Ansprache die Versammlung, erklärte seinen Willen, den 27 Seligen den Cult
der Heiligen zu decretiren, doch wolle er zuerst auch
die Meinung der Bischöfe vernehmen. Es gab nun
Jeder sein Votum ab, das er, lateinisch redigirt, wie
ihn die Reihe dem Alter der Consecration nach traf,
vorlas, die Cardinäle sitzend, die übrigen Hierarchen
stehend. Die Referate der romanischen Bischöfe waren
mitunter sehr ausgedehnt, so daß das Consistorium von
10 Uhr Vormittags bis 3 Uhr Nachmittags währte.
Zuletzt wurden alle Stimmen in die Hand des Se-
cretärs der Riten und des apostolischen Ceremoniars
niedergelegt. Der Papst erklärte sich zum Schluß zufrieden mit der allgemeinen Uebereinstimmung im

Wunsche, die 27 Seligen möchten heilig gesprochen werden, mahnte zum Gebet und verflocht rührende Worte und Erinnerungen in die Rede.

Beim zweiten halböffentlichen Consistorium in der Consistorial-Aula sprach der Papst einleitend von den Verdiensten des seligen Michael de Sanctis, die ihn des allgemeinen Cultes würdig machten. Wiederum wurden die Voten sämmtlicher Kirchenfürsten hinsichtlich der Würdigkeit des Heiligen abgelesen und dem Secretär der Riten und einem Ceremonienmeister übergeben. Der hl. Vater munterte neuerdings zum Gebete auf, damit der hl. Geist seine Erleuchtung nicht vorenthalten möge.

Mit diesen Consistorien schloß der Cyclus der Vorbereitungen zur Canonisation von Seiten der Curie. Die Seligen, die nach solchen Prüfungen und Acten der Zahl der Heiligen beigefügt werden, sind wirklich Heilige. In dem Versprechen des Heilands, daß nach seiner Heimkehr zum Vater die Apostel erleuchtet sein würden vom hl. Geiste und unterrichtet in aller Wahrheit, welche das Heil der Kirche betrifft, war ausgedrückt, daß die Kirche und ihr Haupt nie irren könne in Sachen, welche die Reinheit der Religion und die den Christen zum Glauben vorgestellten Wahrheiten betreffen. So ist auch das Urtheil des Papstes über die Heiligen frei von jedem Trug und unfehlbar wahr; denn es hängt zusammen mit dem Glauben, mit dem Cult, mit den höchsten Interessen der hl. Religion. Es ist nicht möglich, daß die Kirche sich flehend zum Herrn in Glaubenssachen wende und hernach in Ungewißheit sei, ob ihr Haupt auch von Gott geleitet und nicht in Irrthum gefallen sei; es ist nicht möglich, daß der gütige Heiland seiner Kirche in dem, was seine eigene Ehre betrifft, statt das Gebet der Gläubigen zu erhören, seine Kraft entziehe. Christus hat sein Wort verpfändet, treu bei seiner Kirche zu bleiben, sie zu führen und zu lenken bis an's Ende der Zeiten; er ist der Bräutigam der Kirche, und der Glaube ist der Ring, durch den er sich zur ewigen Vereinigung seiner Braut vermählt hat. Mit dem Papste und den Oberhirten flehte in Rom die katholische Welt in unaufhörlichem Gebete um den Beistand des hl. Geistes. Schon am 11. Mai, dem dritten Sonntag nach Ostern, hatten die Volksandachten begonnen. Vom 11.—18. Mai lagen die Tausende auf den Knieen vor dem Allerheiligsten, das je drei Tage in den Patriarchalbasiliken St. Johann im Lateran, St. Peter im Vatican und St. Maria Maggiore ausgesetzt war; die letzten drei Tage der vierten Osterwoche, am 22., 23. und 24. Mai, wurde die prachtvolle Feier zu Ehren Maria's, als der Hülfe der Christen, in St. Maria sopra Minerva abgehalten, eine Feier, seit wenigen Jahren vom römischen Volk veranstaltet und in diesem Jahre durch ein invito sagro als Vorbereitung auf das Pfingstfest besonders bedeutungsvoll. Die Processionen des römischen Klerus in der folgenden Woche, am 26. Mai von St. Adriano nach Maria Maggiore, am 27. Mai von St. Francisca nach dem Lateran, am 28. Mai von St. Lorenzo in Damaso nach St. Peter, wurden dieses Jahr mit gesteigerter Andacht abgehalten. Vom 30. Mai bis 1. Juni Abends nahmen die großen, rührenden und von zahllosem Volk besuchten Schluß-feierlichkeiten der Maiandacht alle Freunde Maria's in Anspruch. Die letzte Woche vor Pfingsten brachten die Tausende von Priestern und Laien im Gebet und An-denken an die 120 mit Maria im Cönaculum Ver-sammelten, in Besuch der Basiliken, Krypten und Kata-komben zu. Ueberaus erhebend war es, wenn in der Woche der Anbetung der hl. Vater mit den Cardinälen und den Erzbischöfen und Bischöfen vor dem Sanctis-simum erschien, wie dieß bei der Eröffnung am 11. Mai im Lateran, am 15. Mai in St. Peter und am 18. Mai in St. Maria Maggiore geschah.

Wer am Sonntag, 11. Mai, gegen 5 Uhr Abends etwa aus der Kirche San Clemente trat, der sah vom Colosseum her Staub aufwirbeln, das dumpfe Trom-meln, das man hörte, wurde bald von den lustigen Klängen einer starken Musikbande erstickt. Nicht lange, und die Via di St. Giovanni, ohnehin schon auf beiden Seiten mit Menschen bedeckt, zogen in langen Reihen Soldaten herauf. Erst kam ein Fähnlein Schwei-zer in malerischer Tracht. Schlank und stramm und stark, wie die Alpen ihrer Heimath, sind sie in un-wandelbarer Treue ergeben dem Herrn, dem sie dienen. Als die Treuesten unter den Braven verdienen sie die Ehre, den ersten Herrn der Welt zu beschützen. Sie führen nicht das tückische Rohr, das aus dem Hinter-halt den Tod entsendet, sondern die edlere Lanze. Da sie die deutschen Reichsfarben im Vatican tragen und den alemannischen Dialect dort sprechen, erinnern sie an die große Zeit, als Kaiserthum und Papstthum gemeinsam die Geschicke der christlichen Völkerrepublik leiteten.

Nach den Schweizern sah man eine stärkere Truppe von der Guardia Palatina herankommen. Ihnen folgte mit Musik eine Abtheilung Franzosen. Sie fehlen nie, wo es zu repräsentiren gilt, und wissen sich immer sehr zur Geltung zu bringen. Dieß päpstliche Frem= denbataillon, die dunkeln Jäger aus Deutschland und der Schweiz, deren schwarze Federbüsche so eigenthüm= lich im Winde flattern, hatten sich bereits am Laterans= platz in zwei Reihen aufgestellt. All' der militärische Prunk zeigt an, daß der hl. Vater diesen Abend in der Mutter aller Kirchen sich einfinden wird. Der Lateransplatz war bereits mit Menschen gefüllt. Be= sonders dicht standen sie unter der Halle des Transepts, um die Bischöfe und Cardinäle anfahren und aus= steigen zu sehen. Ein farbenprächtiges Ganze! Die Klöster haben ihre Mönche gesendet, die Seminarien ihre Zöglinge, die Kasernen ihre Soldaten. Alte Reise= gefährten treffen sich wieder, die Freunde beglückwün= schen sich, daß die große Pfingstfeier, um derentwillen sie gekommen, nun ihren Anfang nehme. Das Posta= ment vom Obelisken aus Heliopolis haben die römi= schen Jungen bis weit hinauf besetzt, auch die Fenster an dem nahen Spital sind gefüllt.

Es ist 6 Uhr. Dragoner sprengen an; sie sind immer die willkommenen Boten, denn sie kündigen den hl. Vater an. Wenige Secunden: man gewahrt die

Nobelgarbisten in schimmernder Uniform, schon biegt auch der goldstrahlende Wagen des hl. Vaters um die Ecke des Spitals; sechs hohe, glänzende Rappen in Goldgeschirr ziehen ihn. Nobelgarbisten und Dragoner sieht man folgen, andere vierspännige Wagen kommen nach. Der Papst wird mit ungeheurem Jubel empfangen.

Die Basilika ist vom Portal bis zur Confession dicht mit Menschen gefüllt; es ist die erste Weltversammlung, welche das Fest veranlaßt. Unvergeßliche Momente! Vor uns Christus, der Herr, im Sacramente, das Haupt der triumphirenden wie der streitenden Kirche und in innigster Verbindung mit allen Gliedern dieses mystischen Leibes, vor uns der hl. Vater, der Stellvertreter Jesu Christi, im Kreise so vieler Nachfolger der Apostel, über uns, im prachtvollen Tabernakel, die Häupter der Apostelfürsten, um uns das betende Volk aus allen Ländern der Erde. Die Basilika, einst die goldene genannt, wo 22 Kirchenversammlungen statthatten, hat sich prächtig geschmückt; dem rothen Teppichschmuck an dem Pfeilerwerk entspricht der massenhafte Lichterglanz um das Allerheiligste. Da die Fenster der Tribune durch rothe Tücher gedämpft sind, die Tribune selbst in der untern Wand roth ausgeschlagen ist, so wirft das auffallende Sonnenlicht einen magischen Schein auf die ehrwürdige Versammlung. Erst wird die Allerheiligenlitanei gesungen und alle die Tausende singen mit, es folgt ein Psalm und diesem das Veni creator spiritus; darauf Versikeln und Orationen und das Tantum ergo, wornach der Segen schweigend vom hl. Vater mit dem Sanctissimum ertheilt wird. Mancher hat nie die Allerheiligenlitanei so verstanden, wie dieses Mal bei dem brausenden Sturmgebet der streitenden Kirche zur triumphirenden. Die auf Erden wandeln, bilden ja mit denen, welche die Glorie der Himmel genießen, einen mystischen Leib; daher nehmen die Irdischen Theil an der Macht der Himmlischen, die ihnen gerne ihre Vermittlung zukommen lassen, um auch sie zur ewigen Vereinigung mit Gott zu führen. Während der Feier besuchten fünf Bruderschaften anbetend die Kirche, unter andern die Falegnani von St. Joseph, die von der Rotunda und die aus der Charwoche so lieblich bekannte Bruderschaft von Trinità dei Pellegrini.

Unter endlosem Jubel geschah die Heimfahrt des hl. Vaters.

Wer an diesem Abend seinen Rückweg durch's Colosseum nahm — schon waren die Laternen angezündet und der Mond warf seinen fahlen Schein auf die gigantischen Massen — der küßte mit doppelter Liebe das Kreuz, in der Mitte der Ellipse, und dankte beim Siegesbogen Konstantins dem Herrn, dem es gefallen, in 26 Gekreuzigten der Kirche unendliche Freude zu bereiten.

Die ganze Woche hindurch vom 11. Mai waren die drei Patriarchalbasiliken mit Andächtigen gefüllt; in den stilleren Nachmittagsstunden fanden sich die frommen Klosterfrauen, die nicht strenge Clausur haben, ein mit ihren Pensionären, mit ihren Waisenkindern, Reconvalescenten oder Pönitenten, letztere alle in weißen

Schleiern und dunkelblauen oder schwarzen Kleidern. Da sah man die grauen Vincenzschwestern mit ihren weißen Hüten, die Kreuzschwestern, die blauen Schwestern von Clugny, die Nonnen vom hl. Kreuz, die Dienerinnen der hl. Dorothea, die frommen Meisterinnen und die Schwestern vom kostbaren Blut und der Vorsehung; fromme Freundinnen Christi, im Dienst der Charitas die Menschheit beglückend und das Heil wirkend. Stand Einer am Sonntag 18. Mai um 3 Uhr Nachmittags an Alle quatre Fontane, so sah er die gleichgenannte Straße den Esquilin herab und über den Viminal- und den Quirinalrücken entlang zum Armenhospiz in den Diocletiansthermen sechs oder sieben verschiedene Schaaren weißumschleierter Mädchen und Frauen ziehen, die von der Anbetung aus Maria Maggiore zurückkehrten. Es war ein reiner lieblicher Anblick.

Am Abend gegen sechs Uhr lösten sich täglich fünf Bruderschaften in der Anbetung ab. Psalmen und Lieder singend, zogen sie von ihrer Bruderschaftskirche mit brennenden Kerzen in die Kirche, beteten schweigend an und entfernten sich langsam. In weiße oder schwarze Säcke gehüllt, mit einem Gürtel geschürzt, tragen sie verschiedenfarbige Mäntelchen und werfen die Kapuze so über den Kopf, daß nur die Augen aus kleinen Oeffnungen hervorleuchten. Ihr Kommen und Gehen, ihr Beten und Singen geschieht mit ergreifender Würde. Viele dieser Bruderschaften zählen Cardinäle, Monsignore und den römischen Adel unter ihren Mitgliedern. Sie fehlen nie bei der Anbetung des heiligsten Sacra-

ments. Ihre Todten begleiten sie spät Abends unter
Gebet mit Fackeln zum Gottesacker. Sie lassen den
lebendigen Glauben und die hl. Charitas in der Laienwelt in Rom nicht aussterben und sind eine Schule
für zahllose gute Werke.

Am 18. Mai Abends 6 Uhr erschien der hl. Vater
zum Schluß der Anbetungswoche in Maria Maggiore.
Wiederum viel militärischer Glanz. Aber die Men-
schenmenge war seit einer Woche außerordentlich gewachsen. Schon standen die Pilger und die Römer
die breiten Treppenbauten der Basilika Kopf an Kopf,
der ganze Esquilinhügel bis zur Via St. Pudentiana
war mit Menschen bedeckt und immer noch zogen endlose Massen den Viminal und Quirinal herab, und
kamen von Paniperna herauf, selbst die Wege von
der Seite des Laterans her sah man sie kommen. Die
Bettler haben heute einen guten Tag. Der Jubel
wollte nicht enden, als der hl. Vater erschien und heim-
kehrte; man sah plötzlich 20,000 weiße Tücher in der
Luft flattern. In der jungfräulichen, hellglänzenden
Basilika drückten sich förmlich die Massen. Wiederum
wurden alle Heiligen angerufen, wiederum um den
Beistand des hl. Geistes gefleht. Ober dem hl. Vater
sah man die vom Heiland gekrönte Jungfrau, die er,
Pius IX., zu den höchsten Ehren erhoben hat, zur
Seite wußte Jeder die Wiege des Heilandes; unter
dem Altar, worauf das Sanctissimum stand, ruht St.
Matthias. Von der Wiege des Heilandes — von der
Krippe in Bethlehem bis auf diese unermeßliche Ver-
sammlung — wie leicht kam der Verstand zu dem

Vergleich? Kann ein Gedanke mehr begeistern? Unter diesen kolossalen irdischen Demonstrationen, bei diesen allgemeinen die Wolken durchdringenden Gebeten wuchs die Begeisterung der Pilger; die Römer selbst erwachten wie vom Schlummer, ließen alle piemontesischen Ideen fahren und vereinigten ihre Evviva's mit denen der Fremden. Das gemeinsame Gebet aber wurde fortgesetzt. Was mögen die Trinitarier Roms in diesen Tagen ihre Schutzheiligen im Gebet bestürmt haben! Die Trappisten in San Nicolo, die Passionisten in St. Johann und Paul und an der hl. Stiege, welche das Geheimniß des Kreuzes wohl am besten verstehen, die Jesuiten, und die große Familie des hl. Franciscus: sie sandten in diesen Tagen ihr Gebet mit verstärkter Kraft zum Himmel. Die großartigste Volksandacht wurde indeß durch die Dominicaner in St. Maria sopra Minerva gehalten.

Am 24. Mai wird in Rom und im ganzen Kirchenstaat das Fest der Mutter Gottes unter dem Titel Hülfe der Christen gefeiert, zur dankbaren Erinnerung an die glorreiche Rückkehr des Papstes Pius VII. in seine Staaten, nach fünfjähriger Gefangenschaft. Seit wenigen Jahren hat das römische Volk ein besonderes Te Deum angeordnet, aus Liebe zu Pius IX. und um den Revolutionären, die neuerdings auf die Vertreibung des Papstes sinnen, die wahre Gesinnung der Römer zu zeigen. St. Maria sopra Minerva zählt zu den schönsten Kirchen Roms. Spitzbogig, von den Dominicanern seit 1370 ausgebaut, in drei Hallen mit Seitenkapellen mit klar ausgeprägtem Transept,

macht sie mit ihren glänzenden Pfeilern, den schmucken
Arkaden, mit all' den lieben Ordensheiligen in den
Medaillons der Hochwand, den tausend goldnen Ster-
nen in der blauen Wölbung und durch die Malereien
der Wölbungsquadrate in dem Hauptschiff und Kreuz-
bau einen wunderbaren gewaltigen Eindruck. Dann erhebt sich der Hochaltar über dem Grab der größten
Heiligen des Ordens, der mit Wundmalen begnadig-
ten hl. Katharina von Siena. Pius IX. hat ihre Gebeine von der Seitenkapelle 1855 hieher transferirt
und der Heiligen den reichsten Schmuck zurückgelassen.
Nun denke man sich diese Kirche in ihrer brillanten
Farbenpracht durch 72 Glasluster erleuchtet; 13 stiegen
den Triumphbogen hinan, 11 bildeten eine zweite kleinere Spitze, im Schiffe entlang hingen drei Lusterreihen
übereinander. Vom Grab der hl. Jungfrau stieg ein
kühner fialenreicher Bau auf, dessen ganze Aufthürmung
sich aus Kerzen zusammensetzte, die alle angezündet,
einen blendenden Schein auf das Gnadenbild und die
Wölbung der Ostung und des Transepts hinwarfen.
In solcher Umgebung, dem Heiland so nahe, versenkt
die Seele sich in das Schauen der Gottheit und fühlt
sich weit erhoben über die Erde und fliegt dem Heiland
entgegen. Durch ein Ausschreiben des Cardinal-Vicars
wurde diese jährlich wiederkehrende Volksandacht dieses
Jahr zur Vorbereitungsfeier für das Pfingstfest. Man
hätte keine schönere Feier anordnen können. Sie galt der
Mutter Gottes; ein Gnadenbild der Dominicanerinnen
von Magnanopoli war hieher gebracht worden. Nächst
dem Sohne geht der Christ am liebsten zur Mutter,

ihr fein Anliegen vorzutragen; so auch die Pilgerschaar,
welche mit den Römern vereint die Schiffe der Basilika füllten. Wir eilten alle zu ihr, die von Anfang
an alle Kezereien zertreten, die christlichen Waffen so
oft zum Siege geführt hat, und die besonders Pius
IX. schüzen wird, der ihre Glorie im Himmel und
auf Erden so sehr gemehrt hat. Sie führt nicht um-
sonst den Titel: Hülfe der Christen, und wird die Kirche
aus Leiden und Unterdrückung zu nicht geahnten Trium-
phen führen. Wir alle vereinigten uns um das Grab
einer Jungfrau, die, obwohl schon im 33. Lebensjahr
zum himmlischen Bräutigam abgerufen, doch auf Erden das Größte vollbrachte, die Ketten von Avignon
brach, der Liebling der Päpste Urban VI. und Gregor
XI. wurde und Rom wieder seine Herren zurückgab.
Der Herr, der dieser Jungfrau solche Macht verlieh,
der etwas später auch die Johanna d'Arc erweckte, um
die Könige Frankreichs auf ihren Thron zurückzuführen,
ist heute so mächtig wie damals. Er hat das Scepter
des Gewaltigen zerbrochen, der Pius VII. gefangen
hielt; er wird auch die unglückseligen Fürsten bald zu
Schanden machen, die den großen Kirchenraub an Pius
IX. begangen haben. Die Dominicaner halten dieses
Tribuum, das indirect auch den Heiligen der Franciscaner und Jesuiten gilt. Wie im 13. Jahrhundert
Franciscus und Dominicus in Rom sich umarmten,
wie auf dem Calvarienhügel zu Nangasaki Jesuiten
und Franciscaner, obwohl sonst vielleicht manchmal
nicht über die Mittel und Art die Heilsgnade zu ver-
mitteln in voller Harmonie, mit gleicher Begeisterung

das Kreuz umarmten und die Schmach um Jesu willen
erlitten, so weiß auch die Kirche, weiß Rom alle
Dissonanzen zwischen Rom auszugleichen, und Alle zum
Höchsten, Wahren und Einen brüderlich zu vereinen.
Hat doch auch das große Pfingstfest viel dazu beige=
tragen, um Ordens= und Weltklerus recht eng zu
verbrüdern und besonders unter den einzelnen Orden
alle Eifersucht zu tilgen. Das glanzvolle Triduum
in Minerva war eine würdige Vorbereitung zum
Pfingstfest. Wie der elektrische Strom alle Reihen
durchdringt, so ergriff es nach und nach Alle; immer
wärmer wurden die Herzen und immer mehr bereitet
zum Empfang der reichsten Gnaden. Das Fest des
hl. Philippus Neri, an dem der Papst im Gallatrain
nach St. Maria in Vallicella fuhr, und das Himmels=
fahrtsfest, an welchem er von der Loggia von St.
Giovanni den Segen Urbi et Orbi ertheilte — in un=
beschreiblicher Majestät, von 100 Bischöfen umgeben;
— beide Feste hoben die Stimmung der Pilger noch
mehr, zogen den Geist ab von dem irdischen Elend
und näherten ihn der Gottheit. Wer es zugleich ver=
stand, den Heiland und die Heiligen in Rom aufzu=
suchen, die ewige Anbetung in allen Kirchen zu ver=
folgen, die Novenen und Triduen zu benützen, der
konnte sich wohl bereiten, am 7. Juni in der Laterani=
schen Basilika in seiner Muttersprache beichten und so
reinen Herzens die Stunden der Gnade erwarten.

Es ist Zeit nach St. Peter zu gehen und die Vor=
bereitungen, welche dort zum Feste gemacht werden, zu

betrachten. Der Innenbau von St. Peter hat seine
Gestalt ganz verloren. Weil nun zwischen die ungeheuren Pfeiler je zwei Säulen und zwei Halbpilaster
eingesetzt, darüber ein Tympanon formirt und dieß mit
kolossalen Gemälden ausgefüllt hat, verschwinden die
Nebenschiffe und die Kapellen dem Auge fast ganz;
das Hauptschiff selbst ist durch die Stand- und Hängeleuchter scheinbar kleiner geworden. Auch sind die
korinthischen Marmor-Pilaster der Pfeiler mit gelbem
Papier beklebt, das schlecht den Giallo antico nachahmt;
die großen Statuen der Ordensstifter in den Säulen
sind bedeutend zurückgedrängt. So scheint das harte
Urtheil, welches Luigi Poletti für sein Decorations-
werk so vielfach erfahren hat, nicht ganz ungerecht zu
sein. Und dennoch wird man bei näherem Zusehen die
Anordnung rechtfertigen müssen. Der Meister, einmal
beauftragt, für die größte Kirche der Welt eine Fest-
decoration zu schaffen, ging nicht gedankenlos zu Werke.
Er will das Kreuz verherrlichen, denn 26 Gekreuzigten gilt die Feier; das Kreuz soll im höchsten, herr-
lichsten Lichterglanz erscheinen. Denn wie der Germane
das frische Grün seiner Wälder an die Wände seiner
Tempel heftet und damit die Altäre schmückt, so erfreut
sich der Romane der rothen Tapeten, die an Martyrer-
blut erinnern und der Kerzen vom Wachse der jungfräulichen Bienen, Symbol der sich für den Heiland ver-
zehrenden Liebe. Die Gemälde endlich, die Poletti an-
zubringen hat, sollen nicht geschmacklos niederhängen,
sondern sich harmonisch in die Architectur einfügen.
Dieß waren die Gedanken des Künstlers; sie sind ge-

rechtfertigt und wahr. Auch wird all' der Schmuck
nur dem Pfingstfest gelten, die wochen-, monatelange
Zurüstung soll nur für wenige Stunden sein, um
dann rasch wieder zu verschwinden. Wenn darum die
Säulen, die Kandelaber und Hängeleuchter von etwas
Fachwerk, viel Pappendeckel und Papier gemacht, außen
vergoldet und leicht colorirt werden, auch das zierrath-
reiche Gebälk, die sonst stylgerechten Kapitäle nur leichtes Machwerk sind, wer darf darüber rechten? Hat
auch so schon die Decoration jeder Franciscanerprovinz
viele hundert Scudi gekostet. Der Fremde konnte bedauern, daß er die Peterskirche nicht in voller Größe
sah; aber wohnte er auch der Canonisation an, so sah
er bald ein, wozu der Schmuck diente; blieb er etwa
bis zum Frohnleichnamsfest in Rom, so fand er ja
St. Peter wieder in alter Majestät und Größe, mit
all' seinen Mosaiken und Medaillen, in der Pracht
seiner Marmorarten, des Giallo antico, des Pavonna-
zetto, des Verde und Rosso. Als die rechte Stunde
gekommen, war das ganze Gerüste, alle Leuchter verschwunden vor dem Auge, der Lichterglanz allein blen-
dete. Der Dreiklang spielte durch die ganze Anordnung Poletti's. Jede Arkade des Schiffes erhält durch
zwei Decorationssäulen drei Durchgänge; von unten
nach oben unterscheidet man wieder Säule, Gebälke
und das Gemälde. Die Vertheilung der Luster im
Großen wie im Kleinen basirt auf der Dreizahl; auch
zu oberst unterscheidet man genau die Gallerie, die
Mittelreihe der Lichter und die kleineren Arkadenluster.
Scheiden wir Chor, Transept und Hauptschiff, so sehen

wir im Chor vier Kandelaber, die den rechteckigen Raum
vom päpstlichen Thron bis zum Altar begrenzen; hier
sind die Bänke für die Cardinäle und Erzbischöfe wie
Bischöfe angebracht: zwischen den Arkaden steigen bei-
derseits zwei korinthische Säulen auf, welche das Gebälk und das Bild tragen, aus ihren Kapitälen wachsen Kerzenträger heraus; auch fallen von oben zwei
Reihen Hängeleuchter mit doppelten Kerzenreihen. Vier
Standarten sind über den vier großen Statuen der
Ordensstifter befestigt; über St. Elias sieht man die
Religion, die Kirche, welcher die Engel die Marterwerkzeuge bringen; über der Statue St. Dominicus
erscheint der Heiland mit dem Kreuz, der die drei Jesuiten in die ewige Glorie aufnimmt; über St. Benedict gewahrt man den hl. Michael de Sanctis, von
Engeln in den Himmel getragen; über St. Franciscus schweben die 23 Franciscaner im Licht der Verklärung. Ein prachtvoller überaus reicher Thron erhebt sich in der Ostung: ihn formiren vier korinthische
Säulen mit vergoldeten Basen und Capitellen; die
Pilaster entsprechen den Säulen. Das reiche Balken-
werk ähnelt gesprenkeltem Marmor; ein majestätischer
Teppich fällt von oben bis zum Boden in sanfter
Brechung und Biegung baldachinartig hernieder, gold-
verbrämt und wie mit Hermelin verwebt. Zur Kathedra
selbst steigt man auf sieben Stufen, die mit rothem
Tuch belegt sind; in einer Lunette ober dem Thron
erscheint Christus mit den Apostelfürsten, über dem Gebälk aber das päpstliche Wappen, vier Symbolstatuen
der Klugheit, der Hoffnung, der Reinheit und der

Buße, die Simonetti modellirt hat. Darüber erhebt sich das große Gemälde in Ovalform, welches die 27 Heiligen in ihrer Glorie darstellt; 24 Leuchter, jeder mit 7 Lichtern, begleiten das Oval; ein prachtvoller Teppich, karmesinroth, in Hermelin und reich mit Gold durchwirkt, füllt den ganzen Raum bis zum Boden.

In Schiff und Querbau wiederholt sich dieselbe Disposition: in den Arkaden zwei Säulen mit Pilastern, dem Gebälk und darüber dem Bilde; im Hauptschiff zählt man 8 Standleuchter, in den Transeptflügeln je 6; hier sind 9 obere, 7 untere Hängeleuchter und 12 Wand= und Pfeilerluster; im Hauptschiff zählt man 18 untere und 20 obere Hängeleuchter und außerdem 40 Luster. In die goldstrahlende Kassettenwölbung fällt das reichste Licht von den Kerzenreihen der obersten Gallerie; so konnte man 11,000 Lichter anzünden, die 30,000 Pfund Wachs verzehrten; nie war der Tempel so prachtvoll erleuchtet! All' der Schmuck aber geziemte sich, denn die vaticanische Patriarchalbasilika ist der heilige Ort, wo nach der Bulle Benedicts XIV. Ad sepulcra Apostolorum die Feierlichkeit der Canonisation stattzufinden hat. Sie hat sich allezeit bei solcher Gelegenheit einen neuen, besondern Schmuck umgethan, und schon die Tradition rechtfertigt die Verzierung. Auch die ehrwürdige bronzene Petrusstatue hat die prächtige Tiara aufgesetzt, Albe, Stola, das goldburchwirkte Paludamentum, die Agraffe und den Ring. Die Bilder in den Arkaden erzählen uns die Geschichte und die Wunderthaten der Heiligen. Rechts

vom Eingang ſieht man die allgemeinen Lieblinge, die
Kinder Anton und Ludwig, die allen Lockungen wider=
ſtehen; ihnen folgt St. Michael de Sanctis, der als
Seraph ſeinem Beichtkind erſcheint und es von ſchwe=
rer Krankheit befreit. Weiter erſcheint Johannes von
Goto, der freudig ſeinem Vater begegnet, Beide leuch=
tenden Blickes, als ſtünden ſie vor den Pforten des
Himmels. St. Michael in der Verzückung beim hl.
Opfer nimmt beſondere Aufmerkſamkeit in Anſpruch;
er heilt die Kranken vor der Kloſterpforte; Petrus
Baptiſta gebietet dem Sturm, die Reliquie des hl.
Michael heilt eine Frau, die drei Jeſuiten predigen
von dem Karren herab in den Straßen von Meaco.
Im Grundquadrat und Tranſept ſieht man die Feuer=
wolken über den Gekreuzigten von Nangaſaki erſcheinen.
Keiner ſah ohne innere Bewegung die Zuſammenkunſt
der Jeſuiten und Franciscaner im Kerker zu Meaco.
Weiter wird die Wunderkraft des hl. Michael und Pe=
trus Baptiſta verherrlicht; Jacob Chiſai muß ſeinen
Gürtel den Chriſten laſſen; Franciscus von Pariglia
heilt vom Schlangenbiß, Petrus Baptiſta tauft vom
Kreuz herab ein Weib, das durch ein Stück von ſei=
nem Kreuzholz geheilt wurde; St. Michael befreit eine
Frau vom Krebsſchaden, Paulus Michi bekehrt im
Kerker die Heiden, Petrus Baptiſta befreit die Toch=
ter des Coſimo Joya vom Ausſatz.

Alle dieſe Wunderthaten ſind im ſtrengſten Proceß
approbirt und begründen die Heiligſprechung. Die
Pilger gingen fromm die kunſtloſen Gemälde betrach=
tend in den Hallen von St. Peter auf und ab. Schon

über den drei Pforten des Atriums sah man drei Ge=
mälde. Das mittlere zeigt uns die Franciscaner, die
liebend ihre Kreuze umarmen und die Palme des Mar=
tyriums ersehnen; links bringen Bischof Martinez, Jo=
hann, König von Arima, und Sanzio, Herr von Or=
mure, den drei Jesuiten=Martyrern ihre Huldigung;
rechts beglückt der Heiland den hl. Michael mit seiner
Erscheinung. Die Unterschriften verdienen notirt zu
werden.

Die eine lautet: Adeste cives advenaeque, dum
nos vis impia territat urget scelus dolisque
pulsa veritas recedit, en quod sequamur ae-
mula virtute ac fide invictum adfulget agmen,
cujus triumphis plaudimus.

Die andere: Cives advenaeque succedite, dum
nos malesuada inlicit cupido, dum mores in
vitium ruunt, en ut discamus peritura tem-
nere et vitam vivamus puriter, novum adest
exemplar et praesidium.

So viel von dem Orte, an dem die Feier vor sich
geht. Erzählen wir vom Feste selbst. Alle Mitglieder
der päpstlichen Kapelle und der Anticamera, wie auch
die Consultoren, die Prälaten, die Ufficialen und die
Curie der Ritus=Congregation sind vom Ceremonien=
meister durch einen apostolischen Laufboten eingeladen
worden, zur rechten Stunde am 8. Juni bei der Func=
tion der Canonisation zu erscheinen. Der Cardinal=
vicar von Rom hatte einige Tage vor dem 8. Juni

an den Säcular= und Regularkleruß, wie an die übri=
gen Corporationen gleichfalls die nöthigen Instructio=
nen und Befehle ausgehen lassen. Der Versammlungs=
platz aller bei der Function Betheiligten ist die Sirtina
mit den anstoßenden Gemächern und Räumen. Schon
um 6 Uhr hatten die Meisten da zu sein. Alle, welche
heilige Gewänder tragen, ziehen sie, im Vatikan an=
gekommen, sofort unter Assistenz ihrer Dienerschaft an
und treten mit ihnen angethan in die Kapelle.

Die Cardinalbischöfe legen Mantelette und Moz=
zetta ab und ziehen die Cottina an, das Pectoralkreuz,
den Amictus, das reichgestickte Pluviale; die Cardinal=
priester bekleiden sich mit Amictus und Planata; die
Cardinaldiakonen mit Amictus und Dalmatika. Alle
setzen eine Mitra von weißem Damast auf. In rei=
cherem Schmuck erscheinen der dem Papste assistirende
Cardinalbischof und der Diakon, der als Ministrant
dient. Die Patriarchen, Erzbischöfe und Bischöfe, ob
Thronassistenten oder nicht, legen das goldburchwirkte
Pluviale über Amictus, Rocchet und Kreuz und setzen
eine Mitra von weißer Seide auf. Die Generaläbte
tragen ein Pluviale von Damast und eine weißseidene
Mitra; die Pönitentiare der vaticanischen Basilika haben
damastene Planaten und tragen das Birett; der grie=
chische Diakon und Subdiakon erscheinen in der Tracht
ihres Ritus; zwei Prälaten von der Rota erscheinen
in Tunicella, die Protonotare nehmen die rothe Cappa
über Sutane und Rocchet, die übrigen Prälaten kom=
men in der Cotta.

Die Mandatare des Vicariats ordnen und führen

den Klerus, die päpstlichen Laufer assistiren der päpst=
lichen Kapelle, alle aber stehen unter der Direction
der apostolischen Ceremonienmeister.

Schön ist die Scala Regia am ersten Adventsonn=
tag, wenn die ewige Anbetung für das neue Kirchen=
jahr in der Paolina ihren Anfang nimmt und die Co=
lonnaden wie in einem Lichtmeer schwimmen; schön ist
sie, wenn 30 Cardinäle von der Capella papale in die
Sirtina zurückkehren und mit ihrem Gefolge einer nach
dem andern zum Ausgang gehen; schön ist sie am
Frohnleichnamstag, wenn die Wände im Schmuck der
Teppiche prangen; aber selten, wohl nie, seit Bernini
sie unter Alexander VII. vollendet hat, sah sie zahl=
reichere Repräsentanten der kirchlichen Hierarchie, als
am 8. Juni 1862. Schon um 6 Uhr waren die Con=
gregationen angekommen, früher die Garden; die Bi=
schöfe und Cardinäle fuhren bis 6½ alle an. Vor
7 Uhr setzte sich bereits die Procession in Bewegung.
Denn schon war der heilige Vater, begleitet von sei=
nen geheimen Kämmerern, in die Sakristei der Sirtina
gekommen, in weißer Sutane, in Rocchet und Moz=
zetta; letztere legte er ab und nahm die große Falda
von weißer Seide. Ueber Amictus, Albe, Cingulum
und Stola ward der päpstliche Mantel mit prachtvoller
Agraffe gelegt und das Haupt deckte die Tiara. Er
legte Weihrauch in das Rauchfaß, benedicirte ihn und
trat dann in die Sirtina. Voraus ging das päpst=
liche Kreuz. Der Papst war begleitet von der Anti=
camera, der römischen Magistratur, und hatte zur
Seite die assistirenden Cardinaldiakone, während der

8*

dem Thron assistirende Fürst Orsini das Mantelende
hielt. Am Faldistorium angelangt, kniete er nieder,
nachdem er die Tiara abgelegt, und verrichtete ein kur=
zes Gebet. Darnach erhob er sich und stimmte, indem
die Patriarchen von Venedig und Indien mit Buch und
Kerze vor ihm standen, den Hymnus Ave maris stella
an, der von den Sängern gesungen wurde — und
kniete nieder. Nachdem die erste Strophe geendigt,
nahm der Papst die Mitra, setzte sich auf die Sedia
und nahm vom Cardinal=Procurator zwei große be=
malte Kerzen und eine kleinere, ebenfalls bemalte in
Empfang. Von den großen gab er eine dem assisti=
renden Fürsten, die kleine behielt er, sie in der Linken
tragend. Die Palefreniere, in rothen Damast geklei=
det, erhoben nun die Sedia auf ihre Schultern. Die
Flamberge kommen. Um den Papst in der Sedia sieht
man die Offiziere der Nobelgarde in großer Tracht,
die Offiziere der Palatin=Garde, die Offiziere der
Schweizergarde in Kettenhemd und Eisenpanzer, die
Geheimkämmerer im schwarzen sammtnen spanischen
Mantel, mit dem Degen, dem Barrett, der schweren
Gnadenkette und den Orden. Das ganze Cortege
schließen die Schweizer und die Palatin=Garde, alle im
Gallacostüm.

Zu gleicher Zeit wurde in den Gallerien, im Por=
tikus und in St. Peter selbst der Procession Platz ver=
schafft. In der Mitte des Tempels sah man das
Zuavenbataillon. Sie sind die Truppe vom reinsten
und edelsten Blut in Europa, wie die Nobelgarde das
schönste Corps in der Welt ist. An die Zuaven reihten

sich Franzosen; die Guardia Civica stand mit großer Musik in der Vorhalle, die grünen Jäger waren hier wie in der Kirche aufgestellt. Wo Raum gelassen ist, wogt zahlloses Volk; alle Tribunen sind bereits besetzt; schon fängt man an, die Kerzen anzuzünden.

Es ist indeß gerathen, statt auf den Platz der Tribune zu gehen, den die Karte anweist, die Procession auf dem Petersplatz zu sehen, um dann durch die Pforte Santa Martha einzudringen und ein zweites Mal bei der Confession die Bischöfe vorüberziehen zu lassen.

Einige Minuten vor 7 Uhr fingen alle Glocken von St. Peter zu läuten an; die Procession begann. Sie trat auf dem Platz, wo die mit dem Porticus von St. Peter in Verbindung stehende Gallerie endet und die Säulen und Pfeiler der Colonnaden beginnen, beschreibt also lange nicht den Raum, wie am Frohnleichnamstag, nicht einmal wie bei der Procession in der Oktav dieses Festes. Ein Fähnlein päpstlicher Fußgänger eröffnet den Zug; ihnen folgt eine Truppe der Gensdarmerie. Dann erscheint die Fahne der weißgekleideten Zöglinge des apostolischen Hospizes und die Waisenkinder; sie tragen die brennende Kerze in der Rechten, den Hut in der Linken, liebliche Knabengestalten, voll Unschuld und Schönheit. Zwölf Bettelorden hatten ihre Repräsentanten geschickt. Als die ersten kommen die armen Brüder von der Buße, die ihr Heiligthum vor der Porta Angelica in einem gnadenvollen Madonnenbild besitzen. Ihnen schlossen sich die unbeschuhten Augustiner von der Kirche Jesus=Maria im Corso an. Wohl an 200 Kapuziner waren erschie-

nen; sie sind die Lieblinge des Volkes. Mit dem Tode
vertraut, fehlen sie bei keinem größern Leichenzug; nicht
fremd der blutigen Disciplin, ist jeder ein Athlet Christi,
bereit, jeden Augenblick für ihn an's Kreuz zu steigen.
Welche schöne, ausdrucksvolle, in Ascese und Meditation geläuterte Gestalten! Gering ist die Zahl der
Hieronymiten von S. Onofrio (10), doppelt so stark
die der Minimen (Paoletten) von S. Andrea della
Fratta und Franz von Paula in Monti. Die Conventualen von der Apostelkirche erkennt man am schwarzen Habit und dem weißen Strick; es sind ihrer viele
erschienen. Nun folgten Reformirte (Franciscaner 60),
darunter viele aus Südamerika mit hellerer Kutte; die
Osservanten von Ara-Coeli erreichten fast die Zahl der
Kapuziner, man zählte 170. Die Spanier und Süd-
amerikaner haben graue Kutten, die Orientalen tragen
Bärte. Die 36 Augustiner ließ das Collar und das
Mäntelchen sogleich erkennen; sie sind die Urmönche
Europa's, und 55 Genossenschaften haben ihre Regel
nach der von St. Augustin angeordnet. Den Karme-
liten steht der weiße Mantel so schön zur braunen
Kutte; an 48 waren von S. Maria Transpontina und
S. Martino in Monti gekommen; Serviten von S.
Marcello und S. Maria in Via zählte man 44. Die
Dominicaner schlossen die Reihe der Bettelmönche: eine
stattliche Schaar von 60, im schönen Kleid ihres Ordens.
Nun reihten sich fünf Mönchsorden ein: Glieder
einer Familie, der des hl. Benedict; 10 Olivetaner in
weißer kleidsamer Tracht vom Kloster Santa Francisca
Romana; Cistercienser in großen Röcken von St. Ber-

nard und Santa Croce in Gerusalemme, welche die
Wächter der kostbarsten Heiligthümer sind. Der Congregation von Vallombrosa zu St. Pressede folgten die
Camaldulenser von S. Gregorio und S. Romualdo,
weiß und schön gekleidet, von den Olivetanern durch
das Kapuzchen leicht zu unterscheiden. Zwölf Bene-
dictinerväter der Congregation von Cassino schlossen
diese Gruppe. Ein Silberkreuz ging ihnen voran. Der
Regularcanoniker vom S. Salvatore, am Lateran, am
Rocchet und den Schnallen erkennbar, zählt man 30;
sie sind die letzten unter den Regularen. Die Gründer
dieser Orden stehen in den Nischen der Peterskirche,
das Grab des Apostelfürsten verherrlichend; heute ziehen
ihre Söhne ein, um seinen Nachfolger bei einem der
wichtigsten Acte durch ihr Gebet zu unterstützen.

Nun erschien das Kreuz des Weltklerus. Es hatte
erst 56 Seminaristen vom Römischen Seminar im Gefolge; sie tragen sich violett, haben hübsche Mäntelchen
und Barette. Zwei Sänger in Chorkappen scheiden
sie von den Pfarrern und Vicaren. Diesen reiht sich
der Klerus der Collegiatkirchen an: von S. Girolamo,
S. Anastasia, S. Celso e Giuliano, S. Angelo, S.
Eustachio, S. Maria in Via lata, S. Nicolo, S.
Marco und vom Pantheon; wohl 88 Priester konnte
man zählen. Von den kleineren Basiliken erschienen
vier: S. Maria Regina Coeli, S. Maria in Cosmedin, wo eines der ausdrucksvollsten Madonnenbilder
Roms verehrt wird; S. Maria in Trastevere, an
Alter alle Kirchen der Jungfrau übertreffend; S. Lorenzo in Damaso, ebenfalls eine der ersten Kirchen

Roms, schon im Jahr 370 erbaut. Die Kreuze, die Glockenstandarten, die zeltartigen Padiglioni, die Sänger und der zahlreiche Klerus bilden bei jeder dieser Basilika ein überaus freundliches Ganzes, das bei den drei Patriarchalbasiliken noch großartiger sich entfaltet. Prächtig erscheint Maria Maggiore. Zwei Stäbe mit dem päpstlichen Wappen werden vorausgetragen; diesen folgt goldschimmernd das Glöcklein, das von Moment zu Moment ertönt, dann das Zelt, roth und gelb, das Scepter mit der Madonna, 70 Kleriker und Canoniker in violetten Gewändern. St. Peter wird vorausgetragen die Standarte mit der Tiara und dem Glöcklein; der Padiglioni, roth und gelb; ein Scepter; 140 Ministranten, Sänger und Priester vertreten den Tempel. Endlich schließt die Lateranensische Basilika diese farbenprächtige Reihe. Ihre zwei großen goldenen Kreuze mit den werthvollen Skulpturen und Ciselirungen in der Goldplatte funkeln in der Sonne; der thronende Heiland zieht alle Blicke auf sich; die zwei großen Scepter und das schönere Zelt lassen den Vorrang der Mutter aller Kirchen erkennen.

Nach den Basiliken hat nun seinen Platz Monsignor Vicegerente von Rom, der mit den Untergebenen des Cardinalvicars etwaige Differenzen hinsichtlich des Vorrangs zu schlichten hat. Nur der Klerus der vier kleineren Basiliken und der drei Patriarchalkirchen tritt durch das Thor von St. Peter ein, geht in zwei Reihen auseinander und bildet Spalier bis zum Sacramentsaltar. Die Uebrigen stellen sich auf in der Vorhalle, in den Gallerien, wie der Platz ihnen angewiesen wird, und bilden so ein Empfangscortege. Das Capitel und der Klerus vom Vatican faßt vor allen Collegiatstiften Posto, um den Papst selbst zu empfangen.

Nun sieht man die Mitglieder der Ritus=Congregation erscheinen: Consultoren aus den Orden, Consultoren aus den Prälaten und einige der Ufficialen.

Nach diesen werden die Standarten der zu canonisirenden Heiligen erscheinen. Die Standarte des Michael de Sanctis wird von Mitgliedern der Erzbruderschaft der Gonfaloniere getragen; sechs Trinitarier gingen mit brennenden Kerzen ihr voran, vier hielten die seidenen Kordeln. Der Heilige schwebt auf dem Bilde in den Lüften, von Engeln gestützt, in seliger Verklärung. Das Banner der drei Jesuiten trugen die Brüder von St. Maria della Pieta und von Franz Xaver in Caravita; vier Väter von der Gesellschaft hielten die Schnüre, sechs gingen der Standarte voran. Die dritte Fahne, die der 23 Franciscaner, trugen Brüder von den Stigmaten; fünf Franciscaner schritten, Kerzen tragend, voran, die sechste Kerze trug Eusebio de Musquiz, der vom Geschlecht des hl. Martin ist; der Priester Rosalio, sein Bruder, hielt eine der Kordeln, die drei übrigen drei Väter der Obfervanz.

Jede dieser Gruppen war wieder tadellos schön.

Nun begann sich noch reichere Farbenpracht zu entfalten. Es kam die päpstliche Kapelle. Ihr gehen zwei Schweizer und ein päpstlicher Ceremoniare voraus; zu Zwei und Zwei folgen die weltlichen Ehrenkämmerer, die überzähligen Kämmerer mit Degen und Hut,

8**

die Procuratoren des Collegiums. Man bemerkt den
P. Kapuziner, welcher apostolischer Prediger ist, und
den P. Servitor, der das Amt des Beichtvaters bei
der päpstlichen Familie versieht. Die Bussolanti, die
in den päpstlichen Palast führen, tragen violette Sutane und Gürtel. Die Kapläne tragen drei kostbare
Tiaren: die eine geschmückt mit orientalischen Perlen,
146 kostbaren Steinen und 11 Diamanten, die andere
funkelnd in Tausenden von kleinen Diamanten, die
dritte mit Saphiren, Smaragden und Rubinen bedeckt.
Auch die vier Mitren strahlen in Gold und Edelstei-
nen. Es setzt sich der Zug rasch fort, kaum mehr ist
jede Rangordnung zu unterscheiden und Bild um Bild
zu firiren. Die Chierici sagroti, die Ehrenkämmerer,
die Geheimkämmerer, der General-Procurator des Fiscus, der Commissär der apostolischen Kammer, alle
Ordnungen der päpstlichen Kämmerer und die Capel-
lani-Cantori. Es folgen die Referendare der Segnatura, die Abbreviatoren, die Votanten der Segnatura,
die Kleriker der apostolischen Kammer und die Uditoren der Rota mit dem Meister des päpstlichen Pala-
stes. Dann wird die Tiara und Mitra getragen, deren
der Papst sich bedient, und der Vorsteher des hl. Hospizes schließt diese Reihe.

Es folgt der Decan der Segnatura, das Rauchfaß schwingend, und hat hinter sich den letzten Uditor
der Rota, der als apostolischer Subdiacon dient und
das päpstliche Kreuz trägt; er ist von sieben Akolythen,
Votanten der Segnatura, umgeben. Nach den zwei
Wächtern des päpstlichen Kreuzes erscheint der Klerus

in Paramenten. Der apostolische Subdiacon in überaus prachtvoller Tunika erschien zwischen dem griechi-
schen Diacon und Subdiacon; den Beichtvätern von
St. Peter werden ihre Stäbe vorgetragen als Embleme
ihrer Macht.

Und nun zogen am Auge vorüber 295 infulirte Prälaten, Bischöfe, Erzbischöfe, Primaten, Patriarchen,
zuletzt das hl. Collegium, Cardinal-Diaconen, Cardinal-
Priester, Cardinal-Bischöfe: der dritte Theil der Oberhirten der christlichen Welt, ein nicht zu beschreibender
Anblick. Nach ihnen sah man den römischen Magistrat
in goldburchwirkten Prachtmänteln über den Scharlach-
talaren, den Senator von Rom, den assistirenden Fürsten und den Vicekämmerling. Es erschienen die Ministri des Papstes, zwei Uditoren der Rota, zwei assistirende Cardinal-Diaconen, der ministrirende Cardinal-
diacon und zwei Großceremonienmeister und endlich
der hl. Vater in würdigster himmlischer Majestät. Mit
der Linken trägt er die Kerze, seine Rechte segnet das
Volk. Wer kniete heute nicht voll innerster Bewegung
vor dem Stellvertreter Jesu nieder?

Nach der Custodia des Papstes sah man noch den
Decan der Rota mit der Mitra, den Generalschatz-
meister, den Majordom, die apostolischen Protonotare
und die Ordensgeneräle, welche den Zug beschlossen.

Wiederholt blickten wir noch in das Antlitz des
Papstes und kamen durch die Thüre S. Martha in's
Transept, als eben die Procession der Bischöfe sich von
Neuem in Bewegung setzte; denn nachdem Alle, die in
die Kirche traten, das **Regina Coeli** angestimmt hat-

ten, hielten sie mit dem Papste eine kurze Anbetung
vor dem Sanctissimum. Dann nahm der hl. Vater
wieder Platz in der Sedia und der Zug bewegte sich
weiter in's Presbyterium. Die Posaunen ließen ihre
lieblichen milden Klänge ertönen. Vor dem päpstlichen
Altare stieg der hl. Vater von der Sedia, kniete nieder, um zu beten, und ging dann auf den Thron.
Hier hatte erst die übliche Obedienz statt, die bei der
großen Zahl der Prälaten sehr lange dauerte. Die
Cardinäle küssen die Hand, welche von den Aurifrisien
des Mantels bedeckt ist; die Patriarchen und die übrigen Hierarchen küssen das Kreuz der Stola auf dem
Knie; die Aebte, Generale und die Pönitentiare küssen
den Fuß. Jeder trat von den Stufen des Thrones
auf seinen Platz: da sah man eine Versammlung, so
groß, so erhaben, so ehrwürdig, wie die Jahrhunderte
sie selten geschaut haben. Noch nie seit 1800 Jahren
waren aus allen Welttheilen so viele Bischöfe um den
Papst versammelt. Wunderbarer Anblick: Der hl.
Vater auf dem Thron in heiliger Majestät, ihm zur
Seite die zwei assistirenden Cardinal-Diaconen Ugolini
und Marini, zur Rechten neben ihm der assistirende
Fürst Orsini; die Patriarchen von Westindien und
Venedig hielten dem hl. Vater Buch und Kerze. Die
Stufen hinab stehen der römische Senator Marchese
Mattei, die Thronassistenten unter den Erzbischöfen
und Bischöfen, die Erzbischöfe von Alby, Posen, Ha-
lifax, Dublin, Cincinnati, Salzburg, Caracas, Olmütz,
Durazzo, Sorrento, Tyrus, München, Görz, Tarra-
gona, Beyrut, Damascus und Zara, die Conserva-

toren Roms und die Consistorial-Advocaten; links steht
der Präfect der Ceremonien, Monf. Ferari, auf den
Stufen die übrigen Assistenten, der Decan der Rota
und zwei assistirende Kammerherren. In den Bänken
des Presbyteriums, von der letzten Stufe des Thrones
rechts bis zum Throne für die Terz links dem Altare
sitzen in erster Linie die Cardinal-Bischöfe und Cardi-
nal-Priester; in zweiter und dritter die Erzbischöfe und
Bischöfe und hinter diesen die Pönitentiare des Vaticans. Gegenüber gewahrt man in erster Linie die
Cardinal-Diaconen, in zweiter die übrigen Bischöfe, die
Prälaten di fiocchetto, die apostolischen Protonotare.
Die Prälaten, die Consultoren, die Ufficialen und die
Ministri der Riten-Congregation stehen hinter den letz-
tern. Vom Throne der Terz bis zu dem Ecke des
Altars, wo der Kredenztisch ist mit den sieben Lichtern,
die das päpstliche Kreuz begleiteten, stehen, eine Curve
beschreibend, die Prälaten der hl. Rota, die Kleriker
der apostolischen Kammer, die Votanten, die Abbreviatoren, die Referendare, die Ceremonienmeister. Die Stufen des Altars entlang auf der Epistelseite haben die
päpstlichen Kammerherren beider Art Platz gefunden,
auf der Evangelienseite finden sich die drei Ordnungen
der Ehrenkapläne, der Geheimkleriker und der einfachen
Kapläne. Da steht auch der apostolische Subdiacon, der
hier das päpstliche Kreuz niedergelegt hat. Die Schweizer-
und die Nobelgarde schließen auf beiden Seiten die Versammlung, deren harmonische Pracht das Auge entzückt.
Nachdem so Jeder seinen Platz eingenommen hatte,
— Alle trugen die brennende Kerze — ging Cardinal

Clarelli, Procurator der Canonisation, begleitet von einem apostolischen Ceremoniar und einem Consistorial=Advocaten, an den Fuß des päpstlichen Thrones. Der Advocat kniete nieder und richtete sich in folgenden Worten an Seine Heiligkeit:

Beatissime Pater: Rdss. D. Clarelli hic praesens **instanter** petit per Sanctitatem Vestram catalogo Sanctorum D. N. Jesu Christi adscribi et tamquam Sanctos ab omnibus Christifidelibus pronunciari venerandos beatos Petrum Baptistam Paulum, eorumque Socios Martyres, et Michaelem de Sanctis Confessorem.

Darauf erwiederte Monf. Pacifici, Secretär der Breven ad principes, in lateinischen Worten im Namen des hl. Vaters, daß Seine Heiligkeit, obwohl er die Tugenden und Verdienste der Heiligen genau kenne, dennoch die Umstehenden ermahnen wolle, die göttliche Hülfe anzurufen, die Fürbitte der Mutter Gottes und der Apostelfürsten wie des ganzen himmlischen Hofes. Die Postulatoren kehrten sodann an ihre Plätze zurück. Zwei Kapläne stimmten die Allerheiligenlitanei an, welche die unermeßliche Menge mitsang. Der hl. Vater kniete auf dem Faldistorium, und alle Bischöfe knieten auch; 50,000 Glieder der streitenden Kirche riefen zu der triumphirenden Kirche im Himmel. Wie die Litanei zu Ende, kommen wieder die Postulatoren vor den päpstlichen Thron, bitten um dieselbe Gnade, und zwar „instantius", daß sie dem „instanter" beifügen. Und abermals erwiedert der Secretär im Namen des Papstes, man solle neuerdings den hl. Geist anrufen;

denn es sei eine zu wichtige Handlung, die nun vor
sich gehen solle. Wiederum gingen die Postulatoren
auf ihren Platz zurück. Der Papst, die Mitra auf dem
Haupte, kniete nun an am Faldistorium nieder, und
der erste der assistirenden Cardinal=Diakone sprach mit
lauter Stimme: Orate. Dann legte der Papst die
Mitra ab, betete den Psalm Miserere zum Theil und
erhob sich wieder, als der zweite der assistirenden Car=
dinal=Diakonen sprach: Levate. Mit dem Papst steht
die ganze Versammlung auf. Unterdessen hatten sich
die zwei ersten Patriarchen mit Buch und Licht vor
den Papst gestellt, und der Papst intonirte das Veni
Creator Spiritus; er kniete nieder, während die erste
Strophe von den Kaplänen gesungen wurde, erhob
sich und stand, während die Sänger und das Volk in
wechselndem brausendem Strophengesang den Hymnus
vollendeten. Nach dem Versikel betet der Papst die
Oration vom hl. Geiste. Zwei Votanten der Segna=
tura hielten die Leuchter zu den Stufen des Thrones.
Der Papst setzt sich; zum dritten Mal nahen sich die
Postulatoren und bitten instanter, instantius, instan-
tissime, die Seligen in die Zahl der Heiligen ein=
zuschreiben. Der Prälatsecretär erwiedert, daß Seine
Heiligkeit die verlangte Canonisation als eine gottge=
fällige Sache betrachte und die definitive Sentenz fäl=
len wolle; er verläßt darauf den Thron und zieht sich
auf seinen Posten zurück.

Die ganze Versammlung erhebt sich. Der hl. Va=
ter, die Mitra auf dem Haupte, sitzend auf dem Thron
als Lehrer und Haupt der Kirche, verkündete nun die

große Sentenz mit den Worten: „Zur Ehre der heiligsten und einigen Dreifaltigkeit, zur Verherrlichung des katholischen Glaubens, zur Ausbreitung der christlichen Religion, in Auctorität unseres Herrn Jesu Christi, der heiligen Apostel Petrus und Paulus und kraft eigener Auctorität; nach reifer Ueberlegung, nachdem wir wiederholt Gottes Hülfe angerufen, und nachdem wir den Rath unserer ehrwürdigen, in der Stadt versammelten Brüder, der Cardinäle, Patriarchen, Erzbischöfe und Bischöfe eingeholt, beschließen und erklären wir, daß die Seligen: die Priester Petrus Baptista, Martin von der Auferstehung, Franz Blanco, die Kleriker Paulus Michi, Johannes Soan, Philipp von Jesu, der Katechist Jacob Chisai, die Laien Franz vom hl. Michael, Gonsalvo Garcia, Paulus Suzuqui, Gabriel von Duizco, Johannes Duiazuya, Thomas Danchi, Franciscus, Thomas Cosaqui, Joachim Saquichor, Buonaventura, Leo Garasuma, Mathias, Anton, Ludwig Ibarchi, Paulus Juaniqui Ibarchi, Michael Cozoqui, Petrus Saquezein, Cosmus Raquisa, Franz Fahelante, alle Märtyrer, und Michael de Sanctis, ein Bekenner — Heilige seien und wir schreiben sie ein in das Buch der Heiligen und bestimmen, daß ihr Gedächtniß von der ganzen Kirche jedes Jahr gefeiert werde; nämlich das des Petrus Baptista und seiner Gefährten am 5. Februar, als dem Tage, an dem sie für Christus gelitten haben, „inter sanctos Martyres“, und das Gedächtniß des hl. Michael am 5. Juli, „inter sanctos confessores non pontifices“. Im Namen des Vaters, des Sohnes und des hl. Geistes. Amen.“

Beim Worte Amen näherten sich neuerbings die Postulatoren dem Throne. Der Consistorial=Advocat dankte dem Papste im Namen des Cardinal=Procura= tors und bat, Seine Heiligkeit wolle die Ausfertigung der apostolischen Schreiben betreffs der Canonisation anordnen. Der Papst antwortete decernimus und seg= nete ihn. Darauf küßte der Cardinal=Procurator Hand und Knie Seiner Heiligkeit, während der Advocat sein Wort an die apostolischen Protonotare richtete und sie bat, von Allem Act zu nehmen. Der erste dieser Prä= laten wendete sich gegen die Geheimkämmerer, nahm sie zu Zeugen und sprach: „Conficiemus vobis te- stibus."

Der Papst erhob sich, legte die Mitra ab und stimmte das Te Deum an, das wieder 50,000 Men= schen sangen. Nachdem der Ambrosianische Lobgesang vollendet, sang der erste der assistirenden Cardinal=Dia= konen den Verskel: „Orate pro nobis Sancti Petre Baptista, Paulo vestrique socii et Michael. Alle- luja!" Nachdem das Volk darauf geantwortet, betete der Papst die Oration der neuen Heiligen: Domine Jesu Christe, qui ad tui imitationem per Crucis suppli- cium primitias Fidei apud Japoniae gentes in Sanc- torum Martyrum Petri Baptistae, Pauli et Socio- rum sanguine dedicasti: cuique in corde Sancti Michaelis confessoris tui charitatis ignem exardes- cere fecisti: concede quaesumus, ut quorum hodie solemnia colimus, eorum excitemur exemplis. Qui vivis et regnas in saecula saeculorum. Das Volk sang Amen — und damit war die Handlung der

Canonisation zu Ende. Das Pontifical-Amt, die Ver-
kündigung des vollkommenen Ablasses, die nach dem
Evangelium und der Homilie stattfand, sowie die große
Darbringung von Opfergaben durch die Cardinäle an
den hl. Vater, bilden das Complementum zu dem er-
habenen Acte.

Die unendliche Erhabenheit dieser Acte vermag aber
die Feder nicht zu beschreiben. Sie sträubt sich auch
dagegen: denn um die rechte Vorstellung zu haben,
muß man Alles miterlebt haben. Es war ein Vorge-
schmack vom Himmel. Reichten wir doch den Heiligen
fast unmittelbar die Hand; als wir die Allerheiligenlitanei sangen, wem zitterten nicht alle Fibern? Wer
flehte beim Veni creator Spiritus nicht mit brennen-
der Sehnsucht bei diesem Pfingstfest, dem schönsten in
der Kirchengeschichte, um die sieben Gaben und den
Beistand? Der Tempel selbst, von 11,000 Lichtern
erhellt, versetzte die Phantasie in das himmlische Jerusalem. Der Lichtreichthum wirkte äußerst günstig. Und
als endlich um 10 Uhr das Te Deum erklang: welch'
ein Sieges- und Jubelgefühl! Ein Meer von heiligem Glück und himmlischer Freude für jeden Freund
Christi und der Heiligen des Himmels!

Die Kanonen der Engelsburg wälzten ihre Donner
über die sieben Hügel hin und die geweihten Bronze-
stücke von St. Peter machten jeden Moment den unermeßlichen Tempel erzittern. Auch brausten die Glocken-
harmonien vom Westen des Tempels an unser Ohr.
Wir verlassen einen Augenblick die Hallen und steigen
auf St. Onofrio. Denn Rom jauchzt seine Freude

über den Canonisationsact in tausendstimmigem Glocken-
klang zum Himmel. Unvergeßlicher Eindruck! Womit
soll man dieß stürmische Freudengeläut von 1200 Glocken
vergleichen? Mit der Brandung des unendlichen Meeres,
mit dem Waffenklang eines siegreichen Kriegsheeres,
mit dem lieblichen Gesang jungfräulicher Chöre? Auch
dieß Geläute war eine der Harmonien, die nur der
Siebenhügelstadt eigenthümlich sind.

Wir aber hatten das Schönste und Erhabenste gesehen und erlebt, was unter Menschen und auf Erden
existirt und vorkommen kann. Schön ist das endlose
Meer in seiner ewigen Brandung, schön sind die gra-
nitnen Alpen; schön ist der hochrollende Donner; schön
sind die Meisterwerke des Menschen in allen Zweigen
der Kunst; aber schöner als das Schönste in Natur
und Kunst ist das, was wir am Pfingstfeste 1862 er-
lebten, sahen, genossen.

Bis nach 11 Uhr zerrissen die Donner der Engelsburg und von St. Peter die Lüfte und trugen mit
dem Sturme der Glocken den Jubel der Menschen
himmelwärts.

In St. Peter hatte unterdeß der Papst die Hochmesse begonnen. Cardinal Mattei assistirte als Cardi-
nal-Bischof, Cardinal Antonelli als Cardinal-Diakon,
Uditor Narbi in prachtvoll schimmernder Kleidung als
apostolischer Subdiakon. Die Oration der neuen Heiligen wurde unter dem gleichen Schluß der Tages-
oration beigefügt. Nach dem Evangelium hielt der hl.
Vater mit kraftvoller Stimme eine Homilie, nach welcher der apostolische Subdiakon vollkommenen Ablaß

für alle anwesenden Gläubigen verkündet und der hl.
Vater den apostolischen Segen ertheilte. Beim Offer=
torium aber überreichten die Cardinäle Patrizi, Gousset,
Ugolini und Clarelli die üblichen Gaben: Kerzen, Brod,
Wein, Wasser, Turteltauben, Tauben und kleinere Vögel
für die hl. Franciscaner; für die hl. Jesuiten verrich=
teten die Ceremonie die Cardinäle Altieri, Scitowsky
und Bofondi; für den hl. Michael die Cardinäle Rei=
sach, Millecourt und Roberti.

Nach dem Hochamt zog der hl. Vater in die Ka=
pelle der Pieta, legte die hl. Kleider ab und zog sich
in seine Gemächer zurück; die Kirchenfürsten fuhren
nach Hause; Alle aber, die der Feier angewohnt, fühlten
eine innere Seligkeit wie nie in ihrem Leben.

Weiter will hier die Beschreibung nicht ausgedehnt
sein; der Stoff wäre doch nie zu erschöpfen. Am
Pfingsttag Abends sah man die Façaden der Haupt=
kirchen der drei beglückten Orden sowie die Engelsbrücke
beleuchtet; am Montag fand Beleuchtung der Peters=
kuppel statt; die Akademie in San Ignazio am 13. Juni,
wobei die Martyrer und das Fest in hebräischer, grie=
chischer, lateinischer, deutscher, englischer, ungarischer,
italienischer, spanischer, französischer Sprache verherr=
licht wurden, schloß für die meisten Fremden die Fest=
zeit in einer Rom vollkommen würdigen Weise. An
das glanzvolle Triduum der Franciscaner auf Ara
Coeli wird sich erst im November das Triduum der
Jesuiten in Gesu reihen; die Trinitarier feierten am
5. Juli das Fest ihres Heiligen mit großartigem Pompe.

Fünftes Kapitel.

Der Verstand des Menschen vermag nicht zu er= messen, welche Folgen die Vorsehung an das Pfingst= fest des Gnadenjahres 1862 knüpfen wird.

Gott hat uns nach Rom geführt, um uns durch diese heilige Feier Trost und Stärke zu verleihen. Es war dieß nothwendig für alle Katholiken. Sehen wir nicht seit drei Jahren das böse Princip im siegen= den Triumphe und die Guten in unaufhörlicher Nieder= lage geschlagen? Da fühlte so Mancher seine Brust beklemmt, sein Herz verzagte und der Muth sank da= hin. Soll denn ewig die Tugend unterliegen und das Laster apotheosirt werden, soll nur die Lüge Recht behalten und die Wahrheit in Banden liegen? Sollen vollends alle Rechtsbegriffe vernichtet, und Gott der Herr aus dieser Weltordnung hinausgedrängt werden? Soll das Böse dem Systeme Wissenschaft und Lebens= regel werden?

In diesen Tagen der Bedrängniß erinnert sich die Kirche der Glorie ihrer Vergangenheit, umgibt 27 ihrer Helden mit den höchsten Ehren, und ruft ein Fest hervor, von dem die Jahrhunderte mit Bewun= derung erzählen werden. Und an dem Heldenmuth der japanischen Martyrer entzündet sich neu der Muth Aller, die in diesen Tagen für die Sache Gottes zu streiten berufen sind. Noch ist die Zeit der Prüfungen nicht vorbei, noch wird es erst zum Entscheidungs= kampfe kommen.

Wir Alle haben Rom gesehen, wie es ist. Wir

saßen die ewige Stadt in ihrer Größe und in all'
ihrer Schönheit, und wir haben unsere Augen dem
Mangelhaften und Schlechten nicht verschlossen. Alle
Illusionen über Rom sind verschwunden und die Nebel
zergangen; von jetzt an werden wir die endlosen Lügen
der Feinde der Kirche, die täglich in die Welt geschleu-
dert werden, zu würdigen wissen, sie sofort und immer
von Neuem brandmarken und mit vereinter Kraft ver-
hüten, daß die Katholiken über das Centrum der Christenheit stets nur falsche Nachrichten erhalten. Wir
haben in Rom kein Birmingham gefunden, wo an
den Arbeitstagen die Rauch und Gluthen speienden
Kamine das Sonnenlicht vollständig abhalten: die
Werke auf dem Janiculus sind kaum nennenswerth
gegen die dortigen ungeheuren Etablissements; auch
kein Liverpool fanden wir vor, wo immer 10,000 Docks-
arbeiter, von Wind und Wetter abhängig, neuer Lö-
schung entgegensehen: wie klein ist gegenüber der 23
Docks die Ripa grande mit ihren halbnackten Schiffs-
leuten? Auch kein London zeigte sich uns, wo die
höchsten Interessen in Thee, Kaffee, Baumwolle, Bank-
zettel, Schiffe und Maschinen sich concentriren und
mit dem gewonnenen Gold der vollkommenste Comfort
geschafft wird zum höchsten Lebensgenusse. Rom ist
die Stadt der Seele, die priesterliche Tempelstadt, der
Hort des Friedens. Hier nehmen alle materiellen Interessen einen untergeordneten Rang ein; es ist manchmal nicht einmal das Geschick und Talent vorhanden, im
Materiellen die gewünschte Vollkommenheit zu erreichen.
Dagegen werden alle geistigen seelischen Interessen,

die ewigen Güter, mit einer vom Himmel stammenden
Weisheit besorgt. Rom ist die Stadt des Gebets,
der Abtödtung, die Stadt, wo dem Herrn die meisten
persönlichen Opfer dargebracht sind, in Rom steht die
triumphirende Kirche der streitenden am nächsten. Seit
Jahrhunderten wird hier im 40stündigen Gebet dem
im Sacramente weilenden Gott mit Lobpreis, Dank
und Abbitte die ewige Anbetung erwiesen, Tag und
Nacht, von Kirche zu Kirche, von Rione zu Rione.
In 60 Kirchen wird während der Fastenzeit das Volk
zur Buße und Einkehr von den Fastenpredigern ermahnt, an jedem Sonntag werden in 100 Kirchen
Vorträge gehalten, und vor unsern Augen wurde in
fast 300 Kirchen und Kapellen die Maiandacht mit
einer Liebesgluth gefeiert, die im kälteren Norden un-
bekannt ist. Was wird in den 72 Frauenconventen
von den Reinen und Schuldlosen gebetet und gefleht
um Barmherzigkeit und Gnade! In 40 Klöstern werden die ewigen Gelübde abgelegt, welch' ein uner-
meßliches Kapital von Opfer und Liebe vor den Augen
des Herrn! Welche Bußwerke werden in den 55
Männercongregationen geübt, da die meisten aus ihnen
den rauhen Kreuzesweg mit dem Heiland wandeln!
Auch in Rom thut die Charitas Wunder, so gut wie
in Paris; man muß nur ihre vor den Menschen ver-
borgenen Pfade zu finden wissen. In 16 Seminarien
werden Jünglinge aus der ganzen Welt zu Soldaten
Christi herangebildet: zu Gehorsam, Gebet, Meditation
und dem ernsten Studium gewöhnt. Rom betet unaufhörlich für die ganze Welt. Die frommen Ehren-

garben an den lieblichen Heiligengräbern rufen für
alle Nationen die Hülfe der mächtigen Freunde Christi
herab. Im Umgang mit diesen gottgeweihten, oft hoch=
begnabigten Mönchen lernt man so manche der ewigen
Harmonien Roms verstehen. Rom gibt den Grundton
an für die übrige katholische Welt, die selbst wieder
in ihrer von Gott gewollten Ordnung eine Welthar=
monie ist. Rom bildet die Sonne, um welche alle
Metropolen wie die Sterne gefügt sind.

In Rom bringen die Heiligen ihre Macht bei Gott
am sichtbarsten zur Geltung, hier offenbart sich die
Mutter Gottes am häufigsten, hier bildet der Heiland
sich auserwählte Seelen zu wunderbarer Vollkommen=
heit heran. Nicht bloß in Klöstern, auch bei den
Laien, im Krankenbett, unter den Verlassensten findet
man zu Rom Wunder der Gnade, auserwählte Gefäße,
die allein genügend Zeugniß ablegen könnten von der
Heiligkeit der Kirche und der Göttlichkeit des Christen=
thums. Weil in den Kirchen Roms häufiger als in
andern Städten das Bild des hl. Geistes, sei es in
der Ostung, von der Kuppelwölbung, im Grundquadrat
ober auf Altären erscheint und die Anbetung der drit=
ten Person in der Gottheit nicht vernachlässigt ist, so
erfährt auch Rom in allen Angelegenheiten der Kirche
die außerordentliche Hülfe des hl. Geistes, nie fehlt
sein Beistand, ja er greift oft gegen den Willen der
Menschen ein und leitet die Herzen wie Wasserbäche.
Von diesem sichtbaren, fühlbaren Eingreifen des hl.
Geistes wissen die Männer des Geistes in Rom zu
erzählen. Auch den Pilgern ist sein Walten offenbar

geworden bei dem ungeheuren Weltfeste, das sein Werk genannt werden muß.

Indem wir die Ruinen der Kaiserpaläste auf dem Palatin betrachteten, das Kreuz auf allen Resten aus dem Heidenthum prangen sahen, gewannen die Instrumente des Mordes des Gottessohnes in St. Croce für uns die erhöhte Bedeutung, wir erkannten, daß Gott allein das Schwert und der Schild seiner Kirche sei und sein wird, nachdem die Fürsten sie verlassen haben. Die Katakomben und Martyrerstätten erinnerten, daß unser Glaube mit Blut erkauft ist und wir mit Stolz und Freudigkeit uns Katholiken nennen dürfen.

In Rom ist substantielle, wahrhafte Frömmigkeit; mit Kraft und Zärtlichkeit gemischt, bewahrt sie gleichwohl durchaus den männlichen Charakter, den sie in Paris, in Frankreich, fast ganz verloren hat. Nie darf die Frau bloßen Hauptes in die Kirche kommen, sie darf viele besonders geheiligte Stätten nur einmal im Jahre betreten. Die gekrönten Jungfrauen, welche die Processionen der Fronleichnamsoctav begleiten, haben auch noch den Mund verschleiert, um zu erinnern, daß das Weib in der Kirche zu schweigen habe. Man sieht äußerst wenige römische Nonnen auf den Straßen, die öffentlich erscheinen, gehören meist Frankreich an; auch die langen Haare der französischen Abbés würden in Rom nicht geduldet. Dieser ernste männliche Charakter der römischen Frömmigkeit hat uns Alle überaus wohlthuend berührt.

Rom ist eine sittliche Stadt; wer andere Großstädte gesehen, wird schon in den ersten Tagen darüber

klar. Rom erhält das Gleichgewicht des Autoritäts-
princips und bestimmt zwischen Recht und Unrecht
gegenüber der brutalen Gewalt. Rom rettet auch die
moderne Gesellschaft vor dem Heidenthum und der
Barbarei, welche im Gefolge der Civilisation erscheint.
Rom wird Italien retten, jenes Italien, welches eine
neue Welt entdeckte und der alten Welt dreimal die
allgemeine Bildung gegeben hat. In der Nähe des
hl. Vaters ist uns Allen dieser Erlöserberuf besonders
klar geworden.

Das Volk von Rom haben wir gefunden wie überall. Eine große Masse bleibt immerhin gleichgültig
gegenüber dem Heiligen, wie man dieß in allen Wall-
fahrtsorten bemerkt, benützt die reichen Gnaden nicht
und lebt dumm und träg in den Tag hinein. Andere
treiben Mißbrauch mit der Gnade, und werden ärger
als die Schlimmsten anderswo sind; diese verfluchen
Papstthum, Klerus und Kirche und sind den Revolutionären als Werkzeuge willkommen. Diese Canaille
ist auch zu allen Schandthaten bereit. Andere aber
folgen dem Zuge der Gnaden, finden den Heiland,
dienen der Mutter des Herrn und sind glücklich im
Umgang mit den Heiligen. Und es sind Viele auch
unter den Laien, welche diese Bahn zum Himmel wandeln und alle ihre irdischen Geschäfte zu heiligen wissen. Für die Bösen ist das päpstliche Regiment zu
mütterlich. Nicht leicht wird gestraft, immer wieder
ein Auge zugedrückt und Gnade für Recht erlassen.
Dadurch ging bei einem großen Bruchtheil der Römer
das Gerechtigkeitsgefühl gänzlich verloren. Eine ge-

regelte Gerechtigkeit würde hier sofort als maßlose Un-
gerechtigkeit verschrieen werden. Es ist Vielen zu lange
unter dem Krummstab zu gut ergangen. Daher auch
keine Empfänglichkeit für gesunde Reformen, die ihnen
Pius IX. wiederholt angeboten hat. Dieß ist aber
auch der einzige Vorwurf, welchen man der Regierung
des Kirchenstaates billig machen kann: der, daß sie viel
zu milde verfahre. Dieß kommt aber von ihrem geistlichen Charakter. Im Uebrigen war es den drei Millionen Italienern nicht zum Unheil, unter dem Oberhirten der Welt zu leben. Sie waren frei von der
Conscription, genossen die größte persönliche Freiheit,
zahlten nicht den dritten Theil Steuern, die sie in den
usurpirten Provinzen den Piemontesen zahlen müssen
und hatten nicht die Aussicht, füsilirt oder in ein
Cayenne geschickt zu werden. Wo ist ein Volk ganz
zufrieden, welche Regierung hat keine Fehler begangen?
Welche himmelschreiende Sünden hat die Geschichte verzeichnet, die von Fürsten und Kabineten im laufenden
Jahrhundert gegen die Völker verübt wurden? Warum
vergißt man sie, indem man so düstere Gemälde über
den Kirchenstaat entwirft? Wie alt sind denn überhaupt
unsere geordneten Zustände? unsere Freiheiten? Wo
ist die Bürgschaft für ihre Dauer? Warum malt man
nur Grau in Grau und mit den dunkelsten Schlag-
schatten und läßt absichtlich kein Licht auf das Gemälde
fallen? Als ob die Italiener so ganz schuldlos wären
und die Revolution nicht seit 25 Jahren Italien spe-
ciell bearbeitete. Die heillose Begriffsverwirrung des
letzten Jahres unter den Katholiken über die weltliche

Macht des Papstthums ist nun durch das Pfingstfest und die Adresse der Bischöfe ein für allemal beendigt.

So lange uns englische Statistiker und Socialpo= litiker aus den besten Quellen nachweisen, daß in Eng= land jährlich 20,000 Menschen des Hungertodes ster= ben, fünf Siebentheile der Männerwelt in London, Birmingham, Manchester, Liverpool u. a. Städten mit der Prostitution in Verbindung stehen; so lange der Lordmayor in London in den Meetings eingestehen muß, daß für die mit unheilbaren Krankheiten Geschla= genen in ganz England nur ein einziges Spital exi= stire, alle andern Spitäler diese Unglücklichsten vor die Thüre setzen; so lange an den Straßenecken Londons zu lesen ist, daß jährlich 80,000 britische Unterthanen an der Trunkenheit sterben und es nachgewiesen ist, daß die Schottländer fünfmal so viel trinken als die Irländer, daß aller Grundbesitz, alle Fabriken, alle Schiffe und Werthpapiere von England in den Hän= den von 36,000 Menschen sind: die übrigen 29 Mil= lionen alle in äußerster Abhängigkeit leben, so lange haben die Minister von St. James kein Recht, einen Stein auf das Papstthum zu werfen. Und übt in Rußland die Vereinigung der weltlichen und geistlichen Macht nicht einen unnatürlichen Druck und erniedrigt 60 Millionen zu Sclaven! Wo ist der Adel verrotteter, die Bureaukratie so bestechlich, der Klerus so herunter= gewürdigt und unglücklicher das Volk? Auch lebt in Rom kein so scandalsüchtiger Pöbel wie in Berlin, des= sen Rohheit und Windbeutelei gleich sprichwörtlich ge= worden sind, wie die Frechheit der englischen Touristen.

Rom bietet dem Volke die schönsten Festlichkeiten, die es auf Erden gibt: dreimal sahen wir in kurzer Zeit die Beleuchtung der Peterskuppel, so einzig und so prachtvoll, daß man deßhalb schon hierher reisen dürfte; zweimal ward vor hunderttausend Menschen, die auf der Piazza del Popolo standen, am Pincio die Girandola dem hl. Petrus abgebrannt, auch wieder unbestritten das reichste majestätischeste Feuerwerk auf Erden. Wie oft sahen wir die Stadt in brillanter Beleuchtung, galt sie nun dem hl. Vater oder den Apostelfürsten oder der hl. Jungfrau. Sahen wir dann das jubelnde Volk bei der Ausfahrt des hl. Vaters, den Jubel immer wachsend und zuletzt im Prätorianer-Lager in den höchsten Enthusiasmus übergehend, so wirkte das nachhaltiger als alle Schriften und schiefen Darstellungen, und wir schieden von Rom mit den Worten: unter dem Krummstab ist gut leben.

So haben wir Rom gefunden: als unsere Heimath, als die Weltstadt, die den christlichen Völkern gehört. London, die Weltstadt der germanischen Völkergruppe, hat das Laster und die Sünde auf den Thron gesetzt und vergiftet die Völker; Paris, die Weltstadt der Romanen, die sie tyrannisch bedrückt, hat sich geschmückt, wie eine Buhlerin, deren Zauberbann Millionen verfallen und wie von Eisenarmen umklammert unrettbar zu Grunde gehen; Petersburg, die Weltstadt der Sclavenwelt, läßt der dämonischen Lust den freiesten, weitesten Spielraum. Nur in Rom hat die Tugend das Scepter ergriffen.

———

9 **

Bei dem Pfingstfeste sahen wir die Wunder Gottes in seinen Heiligen.

Die größte Anzahl der Canonisirten gehört dem Laienstande an: Laien aus allen Beschäftigungskreisen, vom Hofbeamten bis zum Schuhmacher herab werden als Fürsten des Himmels geehrt. Dürfen wir darin einen Wink der Vorsehung erkennen, der in unserer Zeit auch von den Laien wünscht, daß sie sich kräftig an der Restauration der Gesellschaft betheiligen, indem sie sich erst selbst heiligen, muthig wie die Martyrer ihren Glauben vor der Welt bekennen, im Bekenntniß freudigst auch gerne Verfolgung leiden und so ihre Nachahmer werden!

Rom hat den Nationen gezeigt, was die Laienwelt thun soll, indem die Bruderschaften vom 11.—18. Mai und wieder in der Frohnleichnamsoctav an uns vorüberzogen. Die Männer aus den ersten Familien hüllen sich in den rauhen Sack der Sacconi, gehen betend und singend durch die Straßen und durch das Colosseum unerkannt. Sie übernehmen bei Nacht die Ehrenwache vor dem Allerheiligsten, begleiten im Abenddunkel in majestätischen Fackelzügen ihre Todten zum Friedhof und vereinigen sich zu gemeinsamer Feier in ihren Kirchen. In Frankreich erklären die Mitglieder des Vincenz=Vereines, daß die Armen vor allen durch fromme opferwillige Laien zu gewinnen sind. Deutschland sieht jährlich auf den Generalversammlungen die Besten seiner Laien vereinigt; in England wurde seit 30 Jahren die Reorganisation der Kirche durch Laien möglich gemacht und getragen, auch an der Regelung der Hierarchie Hollands haben edle unermüdliche Laien den regsten Antheil genommen. Der Vincenz= wie der Gesellenverein haben bereits Vieles gebessert. Mögen die Heiligen den Muth der katholischen Laien stärken und dem Klerus Tact und Talent erflehen, daß in allen Ländern Laien und Klerus sich gegenseitig unter= stützen und so das Reich Gottes ausbreiten.

Arme, unbekannte Männer, die in den niedrigsten Beschäftigungen ihr Leben verbracht, werden plötzlich mit der höchsten Glorie im Himmel und auf Erden umgeben. Denn es ist der Wille des Herrn, daß in seiner Kirche alle ohne Unterschied heilig werden kön= nen; vor Gott gilt kein Ansehen der Person. Wie sich die sichtbare irdische Hierarchie der Cardinäle und Bischöfe aus den Söhnen der Aermsten und den Spros= sen der Fürsten und den Verwandten der Könige und Kaiser zusammensetzt, so auch die himmlische Ord= nung der Heiligen. Wird nicht das arme Hirtenmäd= chen, die hl. Genovefa, als Patronin von Paris und Frankreich verehrt und ihr Fest fast mit größerem Pomp gefeiert als jenes der hl. Clotilde und des hl. Ludwig! Madrid steht unter dem Schutz eines Bauersmannes, des hl. Isidor; Lucca ruft ein armes Mädchen an, die hl. Zita; den hl. Pilger Rochus verehrt die ganze christliche Welt. Sie stehen so hoch als die Heiligen Heinrich von Deutschland, Kasimir von Polen oder Elisabeth von Portugal. Es hat dem hl. Geiste ge= fallen, diese Demüthigen zu erheben; in ihnen zeigte die Kirche der Zeit plötzlich das Geheimniß des Kreu= zes, den Glanz des Martyriums. Wie Dämonen

Schrecken haben vor den Gräbern der Martyrer, so
hassen die verneinenden Geister den Gekreuzigten und
alle, die ihm im Tode nachgefolgt sind. Dem Gläu=
bigen erscheinen sie aber im Lichtglanz des Paradieses.
Durch den Tod der Martyrer wurde die Religion ver=
theidigt, die Kirche befestigt und Gott verherrlicht. Sie
haben sterbend den schönsten Sieg errungen und sind
besiegt die Sieger geworden. Ihre Palmen sind die
Triumphzeichen Christi. Weil sie als Krieger des Herrn
durch die Liebe zum Martyrium die Furcht vor dem
Schmerze überwunden haben, sind sie Sieger ihrer Zeit,
die Fürsten des Volkes geworden und genießen eine
größere Ehre als den Königen auf Erden zu Theil
wird.

> Ecclesiarum principes,
> Belli triumphales duces,
> Coelestis aulae milites
> Et vera mundi lumina.

Als Martyrer haben sie die Glorie des Herrn ver=
mehrt und sind in dieser Zeit besonders mächtig durch
ihre Fürbitte. Rufen wir sie an mit unwandelbarem
Vertrauen. Wir haben in Rom den Marterhügel von
Nangasaki mit allen Heiligengräbern in Verbindung
gebracht. Rom glänzt von hl. Martyrern. Tausende
liegen begraben in St. Pudentiana, Santa Pressede,
in S. Maria, zu den Martyrern in S. Mare Scala
Coeli. Parietes clamant: die Wände rufen uns zu,
was sie gelitten, besonders aus den Millionen Mar=
tyrergräbern der Katakomben. Sie sind gekreuzigt wor=
den, diese Martyrer. Millionen werden die Medaillen

mit ihren Bildern tragen und mit neuer Liebe das Kreuz umfassen. So wird die Liebe zum Martyrium neu belebt. Denn das Martyrium stirbt in der Kirche nicht aus. Neue Kirchen bauen sich immer auf Blut, und es hat den Anschein, als ob den Kirchen etwas fehle, die nicht die Bluttaufe empfangen haben. Christus hat durch sein Blut uns erlöst, — überall wo Blut floß für die Wahrheit und um Jesu willen, da strömt die Gnade überreich und breitet sich aus die Tugend des Kreuzes. So war es in den ersten Jahrhunderten, so wurden gegründet die Kirchen von Italien, Spanien, Frankreich, von England und Deutschland. So zählt die Kirche von China, Korea, Anam, Cochinchina seit 1830 bei 160 Martyrer, die im Tode triumphirten und dem Christenthum den Sieg vorbereiteten. Das Seminar für auswärtige Missionen in Paris bewahrt ihre Reliquien in vielen Schränken; man sieht ihre Marterwerkzeuge wie die der ersten Christen im Vatican, und auf kunstlosen Schildereien die Art ihres Todes, wie die Kirchen S. Stefano Rotondo, S. Vitale, S. Nereo eb Achilleo sie uns aus der Katakombenzeit darstellen. Die Henker des Ostens übertreffen an Grausamkeit fast noch die des römischen Reiches.

Das Pfingstfest in Rom hat die Katholiken der Welt in wohlthätige Berührung gebracht. Ehe noch der Dampf seinen Siegeslauf um die Erde vollendet hat, ehe die Eisenbahnnetze, wenigstens bei den Romanen, geschlossen sind, nehmen wir alle diese äußeren Mittel in den Dienst der Kirche durch eine gemeinsame großartige Action. Die Eindrücke, die wir von Rom mitgenommen, bestimmen uns, nicht bloß selbst wieder-zukehren, sondern auch auf alle Freunde zu wirken, daß sie Rom bald besuchen. Die Romfahrten werden neuerdings in größerem Maßstabe beginnen, wie die Jerusalemsfahrten bereits organisirt sind. Dieß wird eine segensreiche Vermischung der romanischen und germanischen Elemente zur Folge haben.

Das Pfingstfest hat auf alle Nichtkatholiken, die guten Willens sind, einen außerordentlichen Eindruck hervorgebracht.

Auf dem Pfingstfest wurden mehrere Fragen von der größten Tragweite angeregt. Vor allen wurde durch die japanischen Martyrer der Blick auf den äußersten Osten der Welt gelenkt, auf die große Gruppe der Missionsländer Japan, China und Indien. Wann wird diesen Ländern die Sonne des Evangeliums ein-mal helle leuchten? Bereits sind sie alle mit Martyrer-blut gedüngt. Japan scheint in dieser jüngsten Zeit wieder einen neuen Bund mit der Cultur des Westens schließen zu wollen; werden die Patrone wohl ihren Schutz den Missionären, die mit den Handelsschiffen kommen, versagen? Nimmermehr. In China arbeiten 5 Congregationen in 18 Provinzen, man zählt 20 Bischöfe und 360 Priester: Lazaristen, Jesuiten, Domini-caner und die Missionäre von Paris und der Propa-ganda; aber was ist das unter 350 Millionen Seelen? Man hält dort die katholische Religion für eine reichs-feindliche Secte, das Volk selbst huldigt dem gröbsten Materialismus und verschiedenen Secten. Auf einigen

Punkten Indiens macht die Religion Fortschritte, an
andern hindern sie die traurigsten Verhältnisse. Wird
die Zukunft glorreichere Resultate sehen?

Das Werk für die Wiedervereinigung der orien=
talischen, zunächst unter der türkischen Regierung le=
benden Christen: Bulgaren, Griechen, Maroniten,
Melchiten, Armenier ist in Rom sozusagen fertig ge=
worden. Es handelt sich um etwa 12 Millionen See=
len. Was sollen diese Zerstreuten thun? Sollen sie
sich selbstständig constituiren? Sollen sie sich von Ruß=
land absorbiren lassen? Sollen sie sich mit Beibehal=
tung ihres Ritus an Rom anschließen? Eine selbst=
ständige Constitution wird der Lebenskraft ermangeln
und die Unterwerfung unter Rußland hat die Knecht=
schaft zur Folge. Nur die römische Kirche vermag
freies Leben, Kraft und Energie in diese Kirchen zu
bringen.

Der heilige Vater hat von Anfang seiner Regierung
sein Auge auf den Orient und dessen verschiedene christ=
liche Nationen gerichtet. Dort ist ja Christus geboren,
dort hat er seine Auferstehung gefeiert, dort blühten
die Kirchen der Apostel, dort lebten die großen Bischöfe
und Martyrer und Kirchenlehrer. Immer hat er sei=
nen Blick gegen Osten gerichtet, als sollte von dorther
etwas Großes geschehen. Die verschiedenen Allocutio=
nen und Encyklifen Pius IX. über den Orient, sind
in seinen Acten gesammelt. Zuletzt wurde eine Con=
gregation gegründet, die sich, aus Gelehrten vieler
Länder bestehend, eingehend mit den Verhältnissen die=
ser Nationen beschäftigt. Zum Pfingstfest waren zahl=

reich die Bischöfe des Orients erschienen; sie klagten die Noth ihrer Kirchen und riefen die Hülfe ihrer Brüder an. Es fehlt ihnen Alles, was nöthig ist, das Reich Gottes auszubreiten. Es fehlen taugliche Prie= ster, Kirchen, Schulen, Convente, religiöse Institute. Ihre Bitte fand Wiederhall. Am 3. Juni war in der Kirche St. Andrea delle Valle eine unzählbare Volks= menge aus allen Theilen der Welt. Die Orientalen sangen ein Hochamt, ein Patriarch von Constantinopel pontificirte, Bischof Dupanloup hielt einen begeisterten Vortrag. Noch in der Kirche wurden über 5000 Fran= ken gesammelt. Mitte Juli war die Summe auf 24,000 Franken gestiegen, gleichzeitig hatte auch die Armonia in Turin eine äußerst glückliche Subscription eröffnet. Wie der älteren Congregation de propaganda fide sich der practische, sammelnde Lyoner Missionsverein zur Verbreitung des Glaubens beigesellte, so verbin= det sich in diesen Tagen mit der neuen Congregation für die Orientalen ein Verein zur Rückführung der Christen des Orients in die römisch=katholische Kirche, der sein Centrum in Rom hat, sich in allen Diöcesen des Occidents ausbreiten und in ähnlicher Weise regel= mäßige Beiträge von seinen Mitgliedern erhalten wird, wie der Lyoner Verein.

Es gilt aber nicht bloß den drei Millionen der in Rußland, Oesterreich, Polen und der Türkei zerstreuten griechisch=unirten Kirche aufzuhelfen, den Bulgaren, für welche die Congregation der Polen von der Auf= erstehung in Rom und die Congregation der Assump= tion aus Süd=Frankreich ihre Missionäre zur Verfügung stellen und den anderen Nationen, die, wenn sie ihren Ritus nicht aufgeben müssen, so sehr zu Rom hinneigen, in jeder Art entgegenzukommen; unsere Anstrengungen kennen ein noch höheres Ziel; es sollen andere 60 oder 70 Millionen der russisch-griechischen Kirche in den Schooß der katholischen Kirche zurückkehren, Orient und Occident sollen sich versöhnen und das Schisma, das so viele Jahrhunderte währt, ein Ende haben. Auf die russische Kirche muß durch die Hebung und Neubelebung der griechisch-unirten Kirche gewirkt werden. Der Annäherung Rußlands an Rom weihte Schuwaloff, der unvergeßliche Barnabite, sein Leben; sein Nachfolger in Paris hat seine Ideen aufgenommen; Fürst Gagarin und P. Martinoff in Paris streben rastlos dasselbe Ziel an; Freiherr v. Harthausen in Westphalen ist in Deutschland dafür thätig, in Rom beten zwei polnische Congregationen, in Deutschland bis jetzt drei Diöcesen um die Vollendung des großen Werkes.

Am 1. Juni wurde in der Nationalkirche der Deutschen, S. Maria dell' Anima, der hochwürdigste Herr Studach, apostolischer Vicar für Schweden und Norwegen, zum Bischof consecrirt. Cardinal Reisach verrichtete die Function, bei welcher der Erzbischof von München, in dessen Erzsprengel junge Schweden sich zum Priesterthum bereiten, und der Bischof von Osnabrück assistirten. Bischof Studach ist der erste Bischof Schwedens seit dem großen Abfall im 16. Jahrhundert. Möge dieser Act der Anfang für die Katholisirung Scandinaviens sein! In England hat die ka-

Pfingstfest. 10

tholische Kirche einen schwierigen Standpunkt. Die
Krone, die Regierung, die Gesetzgebung, der politische
Organismus, die herrschende öffentliche Meinung sind
antikatholisch, antichristlich, und zielen darauf, die christ=
liche und katholische Gesellschaft zu vernichten. Und
dennoch wirkt auch unter diesen Elementen die Kirche,
wieder hergestellt, mit belebender Kraft. Ja, es ist
nicht so schwer, sagt Manning, der große Convertit,
daß die von Pius IX. in England gesetzte Hierarchie
eine eben so glorreiche Zukunft erwarte, wie im aria=
nischen Spanien, im arianischen Longobardenland, wo
nach einigen Jahrhunderten der Finsterniß abermals
die Sonne der Wahrheit aufging, mit majestätischem
Glanze frühere Zeiten sogar überstrahlte und bis auf
den heutigen Tag fortleuchtet. So wurden die Ange=
legenheiten der Kirche Deutschlands, Nordamerika's,
Oceaniens in den Pfingsttagen ausführlich besprochen.

Generationen werden vergehen, bis die Kirche diese
Eroberungen vollendet. Aber sie nähert sich immer
mehr der absoluten Katholicität und ruft fortwährend
unter den alternden, hinsterbenden Völkern neue, lebens=
kräftige Schöpfungen hervor. Sie hat mehr Mitglie=
der, als alle andern christlichen Confessionen zusammen=
genommen. Langsam, aber sicher nähert sie sich ihrem
Ziele, wird Allen Alles, erzieht alle Völker zu der Auf=
gabe, die sie im göttlichen Weltplan zu lösen haben,
verknüpft die Vielheit der Völker zu einer gottgewoll=
ten Einheit, zu Einer Familie. Die Kirche vernichtet
nicht den Unterschied der Racen, verletzt nicht in der
Volksthümlichkeit, sondern gibt ihr eine höhere Weihe,

räumt keiner Nation einen Vorzug ein, sondern wird einer jeden gerecht. Dadurch werden aber auch ihre Kräfte unermeßlich, und sie wird jede Ketzerei und jedes Schisma überdauern und absorbiren. Maria, die alle Ketzereien bisher zertreten, wird auch die bestehenden und die kommenden vernichten. Alle diese Ideen wurden beim Pfingstfest in Rom in Umlauf gesetzt und mit Begeisterung hingenommen. Bereits sind sie hinausgetragen in alle Länder der Erde und Millionen mitgetheilt. Sie werden tausendfältige Frucht bringen und die öffentliche Meinung katholisiren. Von diesem Pfingstfest an wird die Reaction gegen die furchtbaren Zerstörungen der Revolution und Säcularisation in ein neues Stadium treten. Bisher behalf man sich viel mit halben provisorischen Maßregeln. Die Fürsten suchten die Bande mit Rom wieder anzuknüpfen, und die letzten fünf Päpste haben an 40 Concordate mit fast allen Fürsten Europa's und den amerikanischen Republiken geschlossen, die Bischöfe haben allmählich die ehrwürdige, lang unterbrochene Sitte wieder aufgenommen, ad limina apostolorum zu pilgern; die gallikanischen, josephinischen, febronianischen, leopoldinischen und monarchistischen Bestrebungen sind entweder ganz verschwunden, oder im Absterben begriffen; auch viele Kirchen haben ihre Provincialriten verlassen und das separate Wesen, sich Rom anschließend, aufgegeben. Von nun soll der Kampf ernstlich aufgenommen werden, das Pfingstfest hat uns Alle zu innig vereint und die Principien geklärt.

So ist das Pfingstfest der Höhepunkt des glorreichen

16jährigen Pontificats Pius IX. (bereits gehört es zu
den längsten in der Kirchengeschichte, wie seine Wahl
seit 300 Jahren die schnellste gewesen ist). Pius ist
im vollsten Sinne des Wortes ein Weltpapst. Wer
von seinen Vorfahren in den letzten Jahrhunderten hat
so vielen Heiligen die höchsten Ehren auf Erden zuer=
kannt? Wer hat die Gottesmutter mit gleicher Glorie
umgeben? Die Welt füllt sich auf sein Wort mit präch=
tigen Monumenten zu Ehren der Jungfrau. Pius IX.
sieht drei Congregationen für ewige Anbetung entstehen
und rasch sich verbreiten, der Cult der Heiligen, die
Verehrung der Mutter Gottes und die Anbetung des
Herrn ist durch ihn mächtig gefördert worden und da=
durch das Wohlgefallen der triumphirenden Kirche ge=
mehrt. Die Freunde Christi auf Erden aber, die wah=
ren Katholiken, hat Pius mächtig geeinigt. Er hat
die meisten Bisthümer geordnet, neue Hierarchien ge=
gründet und allen Nationen Cardinäle gegeben und in
Rom die verschiedenen nationalen Elemente glücklich
vermischt. Dreimal sandte die katholische Welt in Brie=
fen und Erlassen ihre Gesinnungen nach Rom: da Pius
in Gaëta, flüchtig, lebte, in Sachen der Dogmatisirung
und nach dem piemontesischen Länderraub. Zweimal
sah er einen großen Theil des Episcopats um sich ver=
sammelt: am 8. December 1854 und am 8. Juni 1862,
Versammlungen, wie sie die Welt seit dem Tridentinum
nicht mehr gesehen hatte. Jünglinge aus allen Na=
tionen eilten herbei, um für die Rechte Pius IX. zu
kämpfen; der Peterspfennig gibt dem Aermsten Ge=
legenheit, ein Liebesopfer für den hl. Vater zu bringen

und mit der armen Gabe sein Herz nach Rom zu senden. Pius hat die Congregationen für die Bekehrung
Israels gesegnet, zur Rückführung der Schismatiker
das Möglichste gethan, in den Ländern der Völker, die
aus der Kirche ausgeschieden, die Hierarchie wieder
hergestellt und die Missionen für die Heiden in Afrika,
Asien und Oceanien geordnet und gehoben, so weit es
möglich war. Mit frischer Kraft fing man unter seiner Regierung neuerdings an, den Fluch von den
Söhnen Chams zu nehmen und auch sie zur allgemeinen Mutterkirche zu führen. Pius sah die heilige Charitas in wunderbarer Macht durch die Welt schreiten,
und Erscheinungen, welche dem Schönsten und Er-
habensten sich anreihen, was die Kirchengeschichte kennt.

Pius ist der große Martyrer des Jahrhunderts, ihm
geziemt es, das Martyrium zu verherrlichen. Er sah
Throne fallen, Souveräne flüchtig gehen, Kirchen ver-
waisen, Cardinäle gefangen setzen. Der bitterste Un-
dank eines Volkes hat sein Herz verwundet, blutiger
Mord ihm seinen Freund geraubt, der Verrath von
Solchen, die er liebte, ihn schmerzlich verletzt. Eine
Perle um die andere wird aus seiner Krone gebrochen,
Gewalt, Heuchelei, Verleumdung, Hohn und Lüge
werden nicht gespart. Pius duldet, verzeiht und betet
in überirdischer Ruhe und Ergebung. Gebet und Martyrium aber hat sein Antlitz wie das eines Heiligen
verklärt.

Simon stirbt, aber Petrus ist ewig, denn der Sitz
des Papstthums ist im Himmel. Was die Verächter
des Kreuzes und die verneinenden Geister, nun in neue

Wuth gebracht, in der Zukunft auch beginnen mögen, was die Politik der Gottlosen zum Verderben des Papstthums auch aussinnen wird: die Freunde Christi stehen bereit. Bei dem großen Pfingstfeste in Rom haben sie sich unter den Augen des hl. Vaters, an den Gräbern der Martyrer und zu den Füßen der Ge= kreuzigten die Hand gereicht zu gemeinsamem Kampf in unverbrüchlicher Treue. Jeder wird auf seinem Posten bleiben, bis die Flamme sich im Dienste des Heilands verzehrt hat. Der Geist des Katholiken ist der Geist des Muthes und der Geist des Kampfes gegen Lüge und Sünde. Christus vincit, Christus regnat, Christus imperat.

Rom, in der Octav des Festes der Apostelfürsten 1862.